イルミナティとフリーメイソンとドクタードルフィン

88次元 Fa-A
ドクタードルフィン
松久 正
Tadashi Matsuhisa

ヒカルランド

いままでの三次元で限界だらけの地球社会において、人類は、一部の支配層によって誘導された常識と固定観念そして思考と行動によって、無限大の可能性を提供する大宇宙の叡智エネルギーから分離させられてきました。

人生や身体で問題を持つのが当たり前の世界が、当たり前のように、つくられてきました。

そして、悩みや困難、症状や病気は、悪であり、それらは、人類が立ち向かうべき課題であると、洗脳されてきました。

イルミナティやフリーメイソンによる目論《もくろ》みにより、地球の環境や人類の生き方は誘導され、地球に生きる人間は、政府や医療に頼らなければ生きていけない、無力なものとして、設定されてきました。

このままでは、人類には、彼らの操り人形として、永遠に、本当の幸福が訪れることはなかったのです。

しかし、88次元Fa-Aドクタードルフィンが、ついに、立ち上がりました。

誰もがなし得なかった奇跡を誕生させました。

88次元Fa-Aドクタードルフィン

松久　正

カバーデザイン　重原　隆
編集協力　宮田速記
校正　麦秋アートセンター
本文仮名書体　文麗仮名（キャップス）

目次

Part9 屋久杉に込められていた宇宙と地球の叡智が今、ここに開く!

Part 1

イルミナティと
フリーメイソンのDNAを
書き換えてしまった!?

高次元から語る新情報

　ここ最近、私は、4回か5回、イルミナティとフリーメイソンの集合意識にアクセスして、高次元のDNAをリーディングし、いろんな新情報を得ました。

　そもそも人類は、地球において自分たちの魂が望むように生きられていない。

　これに気づくことが、人類の最重要課題なのです。

　実は今の人類は、自分たちがいかに操られているか、抑えつけられているかということに気づいていません。

　というか、気づかないように踊らされてきたのです。

気づいてしまうと、彼らにとっては、面倒なことになるので。

まず、そこに気づくことがすごく大事です。

この本は、それに気づいてもらうことが一番大きな目的です。

それだけに終わらず、人類が今までそういう状況にあったことに気づいたなら、それにどのように対処すれば、自分たち人類は望む人生を歩めるようになるのか。

この2点が、この本の存在意義になります。

今まで多くの人が、イルミナティ、フリーメイソン、金融系でいうとロックフェラー、ロスチャイルドに関して、いろんなことを語ってきているけれども、私から見ると、彼らの語り口の視点は、そんなに高い次元からではありません。

それぞれの語り手が生きている次元から見た様相を語っているので、私から見ると満足しないのです。

今回、私は、彼ら語り手たちの次元を飛び越えたところから、今までにない視点からイルミナティ、フリーメイソン、ロックフェラー、ロスチャイルドを語って、今までにない情報を出したいと思います。

今回、私は、彼ら語り手たちの次元を飛び越えたところから、今までにない視点からイルミナティ、フリーメイソン、ロックフェラー、ロスチャイルドを語って、今までにない情報を出したいと思います。

レムリアの個の独立と融合から、アトランティスの個の喪失と統合へ

この地球の超古代においては、人類の一人一人が自立しながらも融合している社会、愛と調和の世界がありました。

これを一般的にわかりやすく言うと、※レムリアの時代と言っていいと思います。

それだけではないのですが、一番わかりやすいのはレムリアの時代です。

それが本来、大宇宙、言いかえれば、大もとの神が望んだ宇宙における生命共同社会のあり方なのです。

宇宙の高次元の生命体は体がありません。

宇宙でも、低次元の存在は体があります。

地球における人間という存在は体を持つから、振動数、波動エネルギーが低い。

要するに、時間に縛られ、空間に縛られ、重力を強力に浴びる。

がんじがらめで、意識レベルの自由度が非常に低いのです。

体を持ってしまっているから、もちろん空間の自由度も低い。

半透明体だったら、いきなり地球の裏に存在できるのですが、我々は完全物質の炭素生物ですから、自由度が低いのです。

私のパラレル過去生である出口王仁三郎《でぐちおにさぶろう》が言うように、クリスタル化、珪素《けいそ》化していれば、人類はもっと自由度が高いけれども、炭素主体で、炭水化物、たんぱく質、脂肪、全て炭素（C）骨格でできている人間は自由度が低いから、体も自由に移動できない。

※レムリア時代
超古代に地球に存在した愛と調和にあふれた文明の期間

レムリア時代は、個の独立と融合だったのです。

でも、アトランティスの時代になって、これが顕著に崩れて、個の喪失、個がなくなって、融合でなく、力ずくの統合です。

過去、今、未来で時間の制約を受ける。

病気をする。

思ったことがすぐ現象化しない。

それでは、もがくのが当たり前です。

地球社会は、宇宙社会に比べたらもがく場所です。

そういう人間が普通に生活していると、エゴが出ます。

まず最初は、人並みの生活をしたい。

人並みの生活ができるようになると、今度は人よりいい思いをしたい。

体を持った生物、イコール、脳を持つので厄介です。

エゴが出る。

そうすると、レムリアの愛と調和がだんだん崩れてきて、知識と情報がすごく芽生えてくるわけです。

知識、情報が芽生えるといろいろ発達する。

融合というのは、エネルギー同士が好んで寄り合うことです。

統合は力ずくで集められることです。

その時代に立ってきたのがアトランティスのエネルギーで、いまだにその流れで来ているのです。

生活は便利になるけれども、レムリア時代にあった宇宙とのつながり、松果体《しょうかたい》における宇宙の叡智《えいち》とのつながりがどんどん弱くなっていく。

これが問題です。

宇宙の叡智が弱くなると、脳ばかりで生きるから、自分が得することしか考えなくなるのです。これによって、分離と統合が起きてきました。

レムリア時代は、個の独立と融合だったのです。

でも、アトランティス※の時代になって、これが顕著に崩れて、個の喪失、個がなくなって、融合でなく、力ずくの統合です。

融合というのは、エネルギー同士が好んで寄り合うことです。

統合は力ずくで集められることです。

その時代に立ってきたのがアトランティスのエネルギーで、いまだにそ

※アトランティス時代
超古代に存在した統制と破壊のエネルギーの強い文明の期間

の流れで来ているのです。

縄文時代は、レムリア時代のエネルギーが一時復活していたのですが、大まかに見ると、アトランティスの流れがまた復活して、いまだにずっとアトランティスで来ていたので、今、ドクタードルフィンがレムリアに戻しているわけです。

このときに、レムリアの愛と調和の時代に戻すことが大事なのです。

そして、個が独立して、一人一人の意識が目覚めないとダメなんです。

これをどのように起こさせるかということです。

フリーメイソン、イルミナティの誕生

近代に入り、17世紀になると、フリーメイソンの原型ができてきました。最初は愛と調和をうたった小さな友好団体だったのです。

実は同じ17世紀後半になって、ある一人の人物からイルミナティという組織が生まれてきた。

その人物は、悪魔崇拝と言われる形でルシファーを崇拝して、自分たちの力で世界を統一し、理想社会をつくろうとしていました。

偶像崇拝、プラス、人間を自分たちの手下とする。

今、チップが組み込まれるという話も、その流れで出ています。

つまり、一部の人間によって、地球社会の人類を総支配するというのが

イルミナティの設立者といわれるアダム・ヴァイスハウプト

フリーメイソンのシンボルマーク。石工職人のギルドだった名残から
定規とコンパスが使用されていると言われる。

イルミナティの考えです。

そのイルミナティが、18世紀初頭にフリーメイソンの傘下に入って、いきなりフリーメイソンのトップを占めるような力を持ってしまった。

それぐらい影響力があったのです。

フリーメイソンは、今、世界に600万人の会員がいて、日本とか世界各地にいるけれども、半数の300万人がアメリカにいます。

世界中には、ロッジという建物があって、日本にも幾つかあります。

片やイルミナティは、もう少し小さい組織団体です。

ヨーロッパで17世紀に生まれて、フリーメイソンの上層部になったのです。

フリーメイソンのほとんどの会員は、スーパートップが狙っている本当のことを知りません。知らされていない。

フリーメイソンの人はいっぱいいます。鳩山一郎さんとか、吉田茂さん

一部の人間によって、地球社会の人類を総支配するというのがイルミナティの考えです。

そのイルミナティが、18世紀初頭にフリーメイソンの傘下に入って、いきなりフリーメイソンのトップを占めるような力を持ってしまった。

もそうだと言われていたし、マッカーサーも、黒船のペリーもそうだと言われています。

彼らはそこまで知らないのです。

企みを漏らされていないので、愛と調和と言って、平和ボケみたいな感じになってしまう。

いいことはいいのですが、99・99％は、そういう悪い気持ちを持っていないのです。

だから、私は、この本でイルミナティ、フリーメイソンをけなすわけではありません。

イルミナティも、最初はそういう企みを持ってフリーメイソンに入ったけれども、今はイルミナティ、フリーメイソンが統合しているから、イルミナティでも、いい人はたくさんいるわけです。

でも、イルミナティ、フリーメイソンの組織の0・01％が、つい最近ま

コロナで3年ぐらい、世界がどんどん乱れる。

その乱れをわざと起こして、うまく利用して統治しようとしていたのが、イルミナティが主導するフリーメイソンでした。

で、ルシファー系の悪魔崇拝者でした。

聖書には、反キリストの人間が世界を統治すると書かれているらしいです。

私は聖書をあまり知りませんが、旧約聖書に、疫病とか自然災害で3年ぐらい混乱する。

その後、新しい国家を誰が統治するか。

反キリスト教の人物があらわれる。

これが5年ぐらいで潰れると書かれていて、その後、みろくの世みたいな愛と調和の世が生まれると書かれているという話です。

その予言も全く当たっていないわけではなくて、コロナで3年ぐらい、世界がどんどん乱れる。

その乱れをわざと起こして、うまく利用して統治しようとしていたのが、イルミナティが主導するフリーメイソンでした。

イルミナティが主導するフリーメイソンが最も力を入れてきたのは、人類を自分たちトップの少数の人間の支配下に置くことです。それには、人類に無力だと思わせないといけない。

つい最近までそうだった。ここが大事です。私が動かなければ、たぶんその計画どおり行きました。

イルミナティが主導するフリーメイソンが最も力を入れてきたのは、人類を自分たちトップの少数の人間の支配下に置くことです。それには、人類に自分たちは無力だと思わせないといけない。

彼らはいろんな方法を使うのですが、何を使ったかを私が読むと、一つは金融、経済です。金融、経済を自分たちが握ることによって、おカネを自由にさせない。おカネを牛耳《ぎゅうじ》ることで人類をコントロールしてきました。

二つ目は、医療です。体のふぐあい、病気を起こさせることで、病院に頼る、政府に頼る、誰かに頼るという人間をつくりたかった。

三つ目は、自然災害とか伝染病です。彼らがこれをつくることによって、人間たちが自由を謳歌《おうか》できないようにしました。

イルミナティ、フリーメイソンのお役割

私がこの本で伝えたいのはここです。

私は陰謀論者でもないし、陰謀論ファンでもありません。

今まで陰謀論についてはほとんど語ってきていませんが、どうしてあえて陰謀の話をするかというと、私は88次元でゼロポイントにかなり近い。

地球人の誰よりも次元が高いところにいるので、全部見通すことができます。

悪いことをしている人間たち、ルシファーのような人間たち、イルミナティ、フリーメイソンの上層部、スーパートップ、それ以外にもKKKとか、いろんな団体がありますが、いわゆる悪者とされているものも、私の

次元から見ると、ただの悪役、大宇宙に任命された悪役です。

でも、自分たちは、任命されたということを知りません。

自分たちのエゴでしか動いていません。

この本の主題であるイルミナティ、フリーメイソンに関しても、上層部は、自分たちは役割で人類と地球を進化・成長させるためにやっているんだとは思っていません。

でも、それは同じなのです。

私たちが、人生が思うようにいかないとか、病気でつらいとかいうのも、自分の役割として受けてやっているだけなのに、苦しんでもがくのと同じで、支配者たちも、自分たちは悪役で、善としてやっているとは思っていないのです。

だから、どんどん悪に行ってしまう。

私が言いたいのは、今回、彼らを悪く言うところはあるけれども、それ

どうしてあえて陰謀の話をするかというと、私は88次元でゼロポイントにかなり近い。

地球人の誰よりも次元が高いところにいるので、全部見通すことができます。

は悪者として非難するのではなくて、人類と地球を最終的に進化・成長させるのに必要なお役目としての悪役、気づきと学びを生み出させるお役目をしてくれているありがたい存在だということで、感謝しているのです。

これぐらい強烈な役割がないと、人類は気づかない、学ばないのです。

いつまでたっても進化しないのです。

私は、イルミナティ、フリーメイソンのスーパートップの人の集合意識を書き換えたけれども、なぜ私に書き換えさせたかというと、私が彼らに感謝しているからです。

私が憎んでいたら、彼らは私のＤＮＡの書き換えを受け付けません。

今までイルミナティ、フリーメイソンを書き換えようとか、悪事を征伐しようとか、やめさせようとした人間はたくさんいたのですが、その場で瞬殺されました。

彼らを撲滅しよう、あした実行しようと決意した瞬間に心臓麻痺が起き

イルミナティ、フリーメイソンのスーパートップの人の集合意識を書き換えたけれども、なぜ私に書き換えさせたかというと、私が彼らに感謝しているからです。

私が憎んでいたら、彼らは私のDNAの書き換えを受け付けません。

る。

これは当たり前の話です。

彼らは量子力学的にはスーパー最先端に行っているので、人間の心臓を遠隔で止めるのは簡単なのです。

もちろん、心臓麻痺だけではありません。

毒殺とかいろいろあるにしても、今一番簡単なのは量子力学的にエネルギーで心臓を止めてしまう。そういうことが何人にもされてきました。

私は、彼らのＤＮＡの書き換えまで終了しているのに、どうして生きているのかというのは、世界の七大不思議よりも謎です。

イルミナティ、フリーメイソンは集合意識を牛耳っているから、地球でも、かなり高いエネルギーの層にいます。

今、私が地球人の平均を読むと３・５次元です。

３・８次元ぐらいに行くと、地球の中でもエネルギー的にだいぶ進化し

今までイルミナティ、フリーメイソンを書き換えようとか、悪事を征伐しようとか、やめさせようとした人間はたくさんいたのですが、その場で瞬殺されました。

彼らを撲滅しよう、あした実行しようと決意した瞬間に心臓麻痺が起きる。

ていて、4次元にいる人は地球でもほんの一部です。

今、彼らがいるのは、ちょうど4・0次元ぐらいです。だから、宇宙とのつながりは大したことはないのですが、あれだけの人脈を持ち世界を牛耳っているから、いろんなスーパーサイエンティストとか、スーパースカラー（学者）とか、各分野のスーパーな人とコミュニケーションできる。

だから、まだ世の中に出ていない最先端の科学とか技術を自分たちで閉じ込めて、世に出させないようにしています。

その意味で4次元なのです。

私はそんなものを全部飛び越えた88次元ですから、私が言っていることは頭が狂っているとしか言いようがない。

今、地球にいる最高のところは4次元、5次元ですが、私は88次元とつながっています。

50次元に降りてきて、幣立《へいたて》神宮の大宇宙大和神《おおとのちおおかみ》のエネルギーを持ってい

私は、彼らのDNAの書き換えまで終了しているのに、どうして生きているのかというのは、世界の七大不思議よりも謎です。

ます。

もともと88次元なので、個性も感情もないところからモノを見ることができる。そうすると、イルミナティ、フリーメイソンは、そういうお役割で人類を進化・成長させることをやってきたとわかるわけです。

私が何で消されないかというと、その次元からコミュニケーションして、全ての神と、全てのエンジェルと、全てのアセンデッドマスターを使って、しかも、全ての宇宙構成、プレアデス、シリウス、アルクトゥルス、アンドロメダ、リラ、全ての星のトップたちは私の仲間だから、全てを使って語りかけるので、彼らは、私の言うことをそのまま素直に受け入れる。

だから、私は消されないのです。

はっきり言って、私の言うことは頭がおかしいのですが、それぐらいの次元まで上がって話さないと、どうしてかというのはわかりません。

普通だったら、彼らは邪魔者を簡単に殺します。

Part 2

彼らが金融、医療で支配するしくみ

金融を操る

彼らが人類をどのように操っていたかというと、三大柱の中で、まずおカネ、金融を握ることはとくに大事でした。

どうしてかというと、おカネというものをつくってしまったから、おカネがないと食べられない。家に住めない。幸せになれない。そういう社会をうまくつくり出したのです。

レムリア時代とか超古代の愛と調和のときは、おカネというものは存在しなかった。

縄文もそうです。

エネルギーのやりとりで、お互いのギブ・アンド・テイクで瞬時に成り立っていました。

おカネができたことで、ギブしても、おカネを介在して、返ってくるのがずっと先になったわけです。

実は、ギブしておカネをもらうことが瞬時の交換ではない。

おカネがまた誰かのところに行って、初めて交換ができるのです。

おカネは、誰かがギブするエネルギーのただの伝達役なのです。

そうすると、おカネを差し押さえたら、ギブする人、テイクする人をコントロールできるわけです。投げたおカネをテイクする途中で、その行くところをうまく牛耳る。

人間の生活は、ギブして、テイクして成り立つのです。

お互いにサポートし合って、足りないものをもらって、余っているものをあげるという形で成り立つのが、レムリアの愛と調和の基本です。

おカネを牛耳ることで、そこを遮断したのです。

おカネがないと幸福になれない。

裏を返せば、おカネがないと不安と恐怖でいっぱいになる。

つまり、彼らは、おカネに不安と恐怖のエネルギーをいっぱい乗せたことで成功したのです。

おカネがないと幸福になれない。

裏を返せば、おカネがないと不安と恐怖でいっぱいになる。

つまり、彼らは、おカネに不安と恐怖のエネルギーをいっぱい乗せたことで成功したのです。

そこに入ったのがロックフェラーとロスチャイルドです。

ロスチャイルドはイルミナティの一部だし、ロックフェラーはフリーメイソンの一部です。

両方ともその組織と一体なのです。

だから、金融を握ったわけです。

アメリカの1ドル紙幣に描かれた三角形とプロビデンスの目は有名ですが、それより面白いのは、アメリカの国会議事堂は上空から見ると、フクロウの形をしているのです。

フクロウの目がある。

1ドル紙幣の裏側に描かれた三角形とプロビデンスの目

日本の国会議事堂も上空からはフクロウの形をしています。

フクロウは、イルミナティの悪魔崇拝の象徴動物です。

国会議事堂は、イルミナティのエネルギーが完全に乗っているのです。

国連も、プロビデンスの目が乗っている。

国連と国会議事堂は全部イルミナティの勢力で動いているのです。

世界銀行も当然彼らの勢力下にあります。

おカネを出すも出さないも彼らが牛耳って、今は人類を困らせようとか、今はちょっと豊かにさせようとコントロールして、うまく自分たちにサポートを求めるようにさせる。

人類をコントロールするのに、おカネは一番強いのです。

今回、コロナウィルスによって経済活動を非常に困窮させるというのは、彼らの常套手段です。

今までは富が分散されていました。

アメリカの国会議事堂

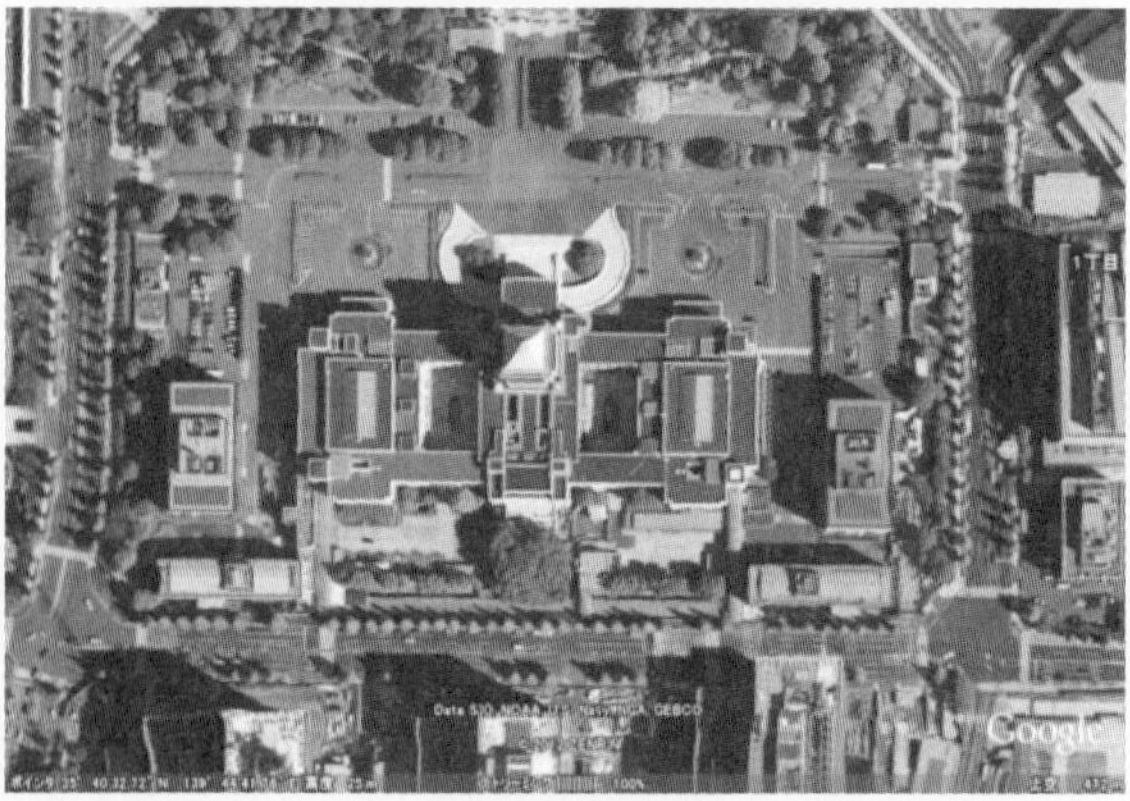

日本の国会議事堂

それぞれの大企業が利益を得るという社会のシステムができていたけれども、彼らにとっては、それは邪魔でしかないので、いったんダメージを負わせて、企業を再編して、自分たちの傘下のエネルギーにするという経済大再編が企まれていました。

そのために、電子マネーにするわけです。

電子マネーにすると、実際に現物がなくなるので、もっとたちが悪くなる。

本当にあってないようなものを、自分たちがあるようにつくって、電子マネーの価値も自分たちで上げたり下げたり、コントロールできるので、自分たちに都合のいいように経済をコントロールできます。

コロナウィルス騒動の彼らの一番の狙いだったのは、おカネは政府に頼らないと、いろんなことがあって、自分たちでおカネ儲《もう》けして食べていくのは大変なんだよというのを社会に見せつけること。

アメリカの国会議事堂はフクロウの形をしているのです。
フクロウの目がある。
日本の国会議事堂もフクロウの形をしています。
フクロウは、イルミナティの悪魔崇拝の象徴動物です。

中小企業とか零細事業者が潰れてしまうというのを見せつけて、金融経済的に誰かに頼っていかせる。

給付金などで誰かに頼らせるという意識をつくっておいて、あとは現金をさっと引いてしまうのです。

意識だけつくっておいて、今、現金の世界を終わらせようとしている。

あとは、目に見えないブラインドマネーで、自分たちが不安と恐怖で操るという、非常にいいしくみができる準備をしてきました。

ベーシックインカムが導入されれば、それこそ最もコントロールしやすくなるので、そういう方向でずっと来ていたということです。

コロナウィルス騒動の彼らの一番の狙いだったのは、おカネは政府に頼らないと、いろんなことがあって、自分たちでおカネ儲けして食べていくのは大変なんだよというのを社会に見せつけること。

医療を操る

次は、医療、つまり体の健康、病気です。

皆さんご存じのビル・ゲイツは、今、世界に知られてきたように、人類にワクチンを打つことで、チップを埋め込もうとしています。チップを埋め込むことで全部管理できるのです。

旧約聖書に、世の中が3年、疫病とかいろんな災難で乱れた後に出てきた反キリストの一人の人間が、人間の一人一人の右手に印を押して、全て管理するということが書かれています。

これは実はチップのことです。予測されていたわけです。

チップを入れられると、彼らのもくろみが完全に達成されることになる。

皆さんご存じのビル・ゲイツは、今、世界に知られてきたように、人類にワクチンを打つことで、チップを埋め込もうとしています。チップを埋め込むことで全部管理できるのです。

誰が、どこで、何をしているということがわかってしまう。

情報で簡単に管理しやすくなります。

『地球人類よ、新型コロナウィルスを浴びなさい！』（ヒカルランド）にも書きましたが、私が医学部でしっかり習ったことは、ワクチンはウィルスの体の一部を使うのです。

3種類あって、生きたウィルスの一部を使う場合と、生きたウィルスを不活化して、活性をなくして入れる場合と、死んだウィルスの一部を入れる場合があります。

いずれにしても、ウィルスを入れることには変わりません。

通常は、コロナウィルスを意識するだけで人口の95％が感染しています。知らない人間だけが感染しない。

エネルギー体でDNAに取り入れるのです。

私が言っているDNAは、目に見えない12重らせんです。

私が言っているDNAは、目に見えない12重らせんです。
そこにウィルスのエネルギー体が入って、人類を進化させてくれる。
人類の進化には、必ずウィルスが関与してきました。

そこにウィルスのエネルギー体が入って、人類を進化させてくれる。

人類の進化には、必ずウィルスが関与してきました。

例えば人類が走る能力が速くなったとか、手先が器用になったとか、記憶力がふえたとか、そういうことも実は全部ウィルスによるＤＮＡの書き換えなのです。

だから、ウィルスを愛と感謝で受け入れれば、彼らはちゃんとそのように働いてくれます。

ワクチンは物質化した次元の低いエネルギー体であるウィルスの一部を取り入れたものです。

ウィルスは、不安と恐怖で物質化するのです。

不安と恐怖だらけの破片を注射器でぶち込むのです。

どうなるかというと、免疫細胞が不安になって、ワーッと騒いで免疫が作動する。

ワクチンは物質化した次元の低いエネルギー体であるウィルスの一部を取り入れたものです。

不安と恐怖で物質化するのです。

不安と恐怖だらけの破片を注射器でぶち込むのです。

Bリンパ球が抗体をつくって、Tリンパ球が攻撃するのですが、いずれにしても、そんなものを入れたくないから、免疫が暴れるのです。不活化したり、弱らせて入れているので、まだそんなに免疫は爆発しないのですが、中には、弱らせたウィルスが急に元気になってしまうこともあるのです。

そうしたら、免疫がワーッと暴走して、アナフィラキシーショックが起こる。

これで余計症状が出て、命が危なくなるのです。

私から言わせると、ワクチンは二つの観点から悪い。

一つは、悪いものを入れることで免疫細胞が臆病になる。ビビッてしまうのです。過敏になるから、今度同じようなものが入ってくると、ウワーッと暴走する態勢ができているのです。

今、人間の免疫力が弱っています。

あれはメディアもわかっていない。
抗体ができて、抗原に抗体がくっついたら、炎症反応が起きて症状が起きる。
だから、抗体をつくってはダメなのです。
抗体をつくったら、みずから病気になって死んでしまう。バカかと言いたい。

士をいじらなくなったし、清潔にし過ぎて活動性がないので、2回目にウィルスが入ってきてもウワッと暴れないのですが、本来、元気な免疫だったら、暴走してサイトカインとか炎症性物質を出して、肺炎とか、急な脳炎とか、死に至るような炎症を起こしてしまうのです。

ワクチンが怖いのは、悪いものを入れてしまって免疫細胞を過敏にして、暴走する可能性をつくるというのが一つです。

彼らの言い分としては、いや、そんなことはないでしょう、抗体をつくるのだから、抗体が反応したら病気にならなくて済むと言うのです。

免疫学者に物を申さないとダメですが、あの知識は完全に間違っています。

抗原であるウィルスに抗体が反応するということは、炎症反応が起きるということです。

皆さんがテレビを見ていると、抗体がくっつけば何も症状が起こらない

免疫学が操作されている。

免疫学者も医者もメディアも、間違った免疫学の捉え方をして、免疫力を強化し、抗体をつくろうとしている。そのためにワクチンを打つのです。最悪です。免疫爆発人間をつくります。

と言っているでしょう。

あれはメディアもわかっていない。

抗体ができて、抗原に抗体がくっついたら、炎症反応が起きて症状が起きる。

だから、抗体をつくってはダメなのです。

抗体をつくったら、みずから病気になって、ときには死んでしまう。

イルミナティ、フリーメイソンは免疫学のトップエリートをコントロールしています。

イルミナティのトップリーダーが免疫学の学者に介入した。

以前に、私と同じ正しいことを言う人間がいたみたいですが、彼らは全員抹殺されました。

本当に高い次元のエネルギーとつながっていないと、私のように本当のことは言えない。

今までウィルスのワクチンはいろいろありましたが、新型コロナウィルスのワクチンは、今まで以上に人類の性質を変えてしまうコードを持っています。

トップは殺されて、あとに残った普通レベルの免疫学者たちが、抗体ができるといいとか、免疫を強くすると言うのです。

全く逆で、免疫を強くするとダメなのです。

免疫は穏やかにしないといけない。無駄な反応をして症状を起こすことは避けるべきです。ウィルスがエネルギー体で入ってきたら、DNAを進化させて書き換えてくれます。

免疫細胞は全く知らんぷりが一番いいのです。

ウィルスが入ってきたら免疫細胞が動くと思っているけれども、愛と感謝で受け止めていたらウエルカム・マイ・フレンドで、反応しないのです。

免疫学が操作されてきた。

免疫学者も医者もメディアも、間違った免疫学の捉え方をして、免疫力を強化し、抗体をつくろうとしている。そのためにワクチンを打つのです。最悪です。免疫爆発人間をつくります。ワクチンを打つことで急に重症化

ウィルスをDNAに完全に組み込まれるベクターにして、人間の大事な部分、能力を無力化する。

自立力を上げる遺伝子をオフにして、自立力を下げる遺伝子をオンにするというDNAコードをぶち込むのです。

し、死亡者もふえると思います。

そして、ワクチンが悪いものであるもう一つの観点は、その中に、水銀をはじめとする重金属が含まれており、それらが神経や脳に蓄積することで、ワクチン接種直後、または数年、数十年後に難病を発症するということです。

今メディアは、ワクチンを打つことで重症化を減らすと言っているでしょう。

この真相を誰かが暴かないといけません。

きのう、スイスからの患者さんが久しぶりに来たのですが、「スイスではコロナ対策は、どうしているの」と聞いたら、放置していると言っていました。

自分たちに任されて、マスクもしなくていいのですが、感染者はあまりいない。

それが正しいのです。

今までウィルスのワクチンはいろいろありますが、新型コロナウィルスのワクチンは、今まで以上に人類の性質を変えてしまうコードを持っています。

私は、目に見えない高次元のＤＮＡに高次元のＤＮＡコードを入れるから、体への直接的な害はないのですが、彼らは目に見える二重らせん、皆さんが理科で習った二重らせんに組み込むと言っています。

今までのワクチンはＤＮＡに入るまでのところで免疫細胞に反応するのですが、彼らはそれぐらいのことではつまらなくなったのでしょう。

ウィルスは免疫をすり抜けて、ＤＮＡに完全に組み込まれるベクターとなって、人間の大事な部分、能力を無力化する。

自立力を上げる遺伝子をオフにして、自立力を下げる遺伝子をオンにするというＤＮＡコードをぶち込むのです。

これをみんなが知らないといけない。
ワクチンの中にナノチップを入れるということも、同様です。

Part 3

花粉症その他と
イルミナティと
フリーメイソンの支配方法

花粉症と屋久杉の関係

きょう、私が診療中に面白いことが降りてきました。

ことしは、花粉症があまりありませんでした。不思議だと思いませんか。ウィルスのことばかり言っているから、花粉症の話は全然出ませんが、花粉症もイルミナティとフリーメイソンがつくったのです。

これは世界で私が初めて言います。

花粉症という病気はイルミナティとフリーメイソンがつくったという本当のことを暴露すると、今までなら10秒以内に瞬殺されていると思います。

でも、彼らは私を受け入れているから、大丈夫なのです。

昔は、花粉症はそんなにありませんでした。

ことしは、花粉症があまりありませんでした。不思議だと思いませんか。ウィルスのことばかり言っているから、花粉症の話は全然出ませんが、花粉症もイルミナティがつくったのです。

スギは、実は木の中で最高に強力にウィルスの伝播力を減らすのです。イルミナティは、スギの遺伝子を書き換えることで、スギ花粉に対して、人間の細胞が外敵、異物として反応するようにしました。

これが屋久杉に関連してくるのです。

スギは、実は木の中で最高に強力にウィルスの伝播力を減らすのです。

これは誰かがどこかで論文を書いていましたが、私がエネルギーを読んだらそのとおりでした。

イルミナティとフリーメイソンは、スギの遺伝子を書き換えることで、スギ花粉に対して、人間の細胞が外敵、異物として反応するようにしました。

古来、スギと人類は共存してきていました。

お互いに友達で仲よく、敵対し合わずに助け合ってきたのに、彼らが1990年ごろにスギの遺伝子操作をしたのです。

みんなが花粉症、花粉症と言い出したのは、そのころからです。

これには二つの目的があった。

医療業界を儲けさせるためと、医療を頼る人間として、人類を支配下に

スギ花粉は、今まで人類が反応しなかったのに、反応するようにしました。
一つは、遠隔で、量子学的に遺伝子操作をしました。
または、遺伝子を書き換える目的で、ウィルスをスギに噴射しました。

置くためです。

スギ花粉は、今まで人類が反応しなかったのに、反応するようにしました。

毎年、スギ花粉を書き換えていたのですが、やり方はいろいろあります。一つは、遠隔で、量子学的に遺伝子操作をしました。

または、遺伝子を書き換える目的で、ウィルスをスギに噴射したのです。そうすると、スギは見た目は変わらないけれども、遺伝子だけ変わって、人類の粘膜に入ったときに、今までは反応しなかったのが、急激に異物だと思って反応するようになってしまいました。

ことしはどうして花粉症が少ないかというと、一つは、彼らが新型コロナウィルスによる人類のコントロールに、エネルギーを注ぎ、今回はスギのほうには全く力を入れなかった。今回はスギ花粉の操作をあまりしなかったのです。

ことしはどうして花粉症が少ないかというと、一つは、彼らが新型コロナウィルスによる人類のコントロールにエネルギーを注ぎ、今回はスギのほうには全く力を入れなかった。

今回はスギ花粉の操作をあまりしなかったのです。

もう一つは、私が去年（２０１９年）からベトナム、沖縄、宇佐の卑弥呼を開いてきています。

みろくの世を開いてきて、彼らの集合意識をその間に書き換えてきているから、彼らがスギの遺伝子を変異させることに力を入れなくなったのです。

人類を宇宙の叡智とつなげることを、イルミナティとフリーメイソンに約束させたのが私です。

それにより、花粉症にすると人類の細胞がいら立って、宇宙の叡智とつながりにくくなるから、それはよそうということで、彼らがよしたのです。

だから、ことしは花粉症がないのです。

マスクしていても、普通だったらハクション！　とか、鼻水をピーピー垂らして歩いているのですが、みんなシャキッとして歩いているでしょう。

この不思議さをメディアが何で放送しないのか。花粉症の私もことしは楽なのです。あり得ない。

あれは人工病だったのです。

ケムトレイルとかでまくのも一つですが、それだけでなく、彼らは量子力学的に、地球の裏側の人間の心臓を止められるから、ある操作でスギの波動にフォーカスして、ポンと押したら変わってしまう。

それをことしはやらなかった。

意識波だけで量子を変えてしまいます。

花粉症は、医療業界を儲けさせるためと、人類を支配下に置くために彼らがつくり上げたものです。

あんなに苦しんだら、人間は医療に頼ります。

ヒノキ花粉もない

もう一つはヒノキ花粉です。

私は、スギとヒノキと、両方の花粉症を持っていました。

ヒノキは5月か6月に来ますから、私はスギとヒノキでほとんど半年ぐらい苦しんでいた。

今までヒノキなんかに反応したことがなかったのに、何だ、こんな住みにくい世の中になりやがってと思っていましたが、ことしはすごく楽です。

ヒノキ花粉もないのです。

私がエネルギーを読むと、ヒノキ花粉はイルミナティ、フリーメイソンではなかった。

私がエネルギーを読むと、ヒノキ花粉はイルミナティ、フリーメイソンではなかった。
ヒノキの花粉症をつくったのはアメリカの大手製薬会社です。

ヒノキの花粉症をつくったのはアメリカの大手製薬会社です。どこという会社名まで読むのは控えて、そこは読まずに、大手製薬会社とだけ言っておきます。

大手製薬会社が儲けるために、スギ花粉だけじゃつまらねえな、ヒノキも一丁やっておくかと、ヒノキ花粉症を仕立てたのです。

ことし、どうしてヒノキの花粉症が出なかったかというと、製薬会社がそれどころではなかったからです。

新型コロナウィルスのワクチンのために、そんな余裕がなかった。

私は、明日から屋久島に、屋久杉を開きに行きます。屋久杉のDNAを書き換えます。

屋久杉を開けば、世界のスギが同時に開くのです。その役割で行ってきます。

難病

いろいろな難病があります。

ＡＬＳ（筋萎縮性側索硬化症）は、原因不明、治療法なし。数年で死の恐怖が訪れます。

パーキンソン病、脊髄小脳変性症など、神経系の難病はいっぱいあります。

どんどん歩けなくなって、自立ができなくなる病気ばかりです。

これもイルミナティとフリーメイソンが関与しています。ここまで言うと、今までは完全に殺されましたが、彼らは、希望ある方向に舵を切ったのです。

パーキンソン病、脊髄小脳変性症など、神経系の難病はいっぱいあります。
どんどん歩けなくなって、自立ができなくなる病気ばかりです。
これもイルミナティとフリーメイソンが関与しています。

彼らがそういう難病をどのようにつくったかというと、ウィルスです。神経細胞に親和性のあるウィルスを人体に忍び込ませる。ウィルスが神経細胞に入っていくと、DNAに入って完全に書き換えます。

私は彼らのＤＮＡを書き換え、悔い改めてもらったから、これが大きいのです。

彼らがそういう難病をどのようにつくったかというと、ウィルスです。神経細胞に親和性のあるウィルスを人体に忍び込ませる。ウィルスが神経細胞に入っていくと、ＤＮＡに入って完全に書き換えます。

治療法があるわけありません。

どんどん神経症状が起きて、体が使えなくなります。

彼らは難病をつくることで、医療費を使わせるようにしました。

昔はそんなに難病はありませんでした。

私が子どものころは難病はそんなになかったし、人間は老衰で死んでいくもので、病院で死ぬものではなかった。医療費もそんなに使われなかった。

もう一つは、人間は無力だと認識させるためです。

そして、家族の介護をさせたりして、人間を自由にさせないためです。
いろんなもくろみが入っています。
みろくの世になると、病気が減っていくと思います。
ホーキング博士はＡＬＳでした。
あれは狙い撃ちされて、ウィルスを浴びせられた可能性があります。
それも彼らのお役割で、その時代は終わります。
私は彼らを責めているわけではありません。
ただ、こういう時代があったから、これからは、こうなるだろうという話です。

Part 4

彼らが自然環境で支配するしくみ（人工台風）

台風はカビが起こしていた

自然気象に関しては、ことし（2020年）の7月は台風の発生がゼロです。統計史上初めてのことです。

7月は、台風が大体3発や4発は来て、日本列島に大災害が起きます。ゼロなんてあり得ません。

私は、あしたから屋久島に行きます。

私がエネルギー開きをやると、必ず彼らが私を阻止しようとするのです。

ベトナムもそうだったし、沖縄もそうでした。

台風の進路が急カーブして、私を目がけて来るのです。

ことしは台風が全くありません。

これは花粉症と同じで、誰も気づいていないのですが、イルミナティとフリーメイソンが台風をつくっていたのです。

台風は、私が読むと、津波とか地震もそうですが、ほとんどは彼らが絡んでいます。

役割とはいえ、大きな災害を生みました。

これは私が世界で初めてする話で、学者は誰も知りません。

注目すべきは、ウィルス、細菌、カビの三つです。きょう、私はこの三つの情報を降ろしました。

イルミナティとフリーメイソンが三つとも使っていました。

ウィルスの役割は、人類のＤＮＡを書き換えることです。

支配力を増すために、病気を起こして人間を無力化させた。

ウィルスは、ＤＮＡの核と蛋白質の膜だけで、細胞壁を持たないから生物ではありません。

ことしは台風が全くありません。

これは花粉症と同じで、誰も気づいていないのですが、イルミナティとフリーメイソンが台風をつくっていたのです。

コロナウィルスはRNAウィルスです。

細菌はウィルスとは違い、細胞壁を持つ生物です。

細菌は浄化力です。汚いものを掃除したり、悪いものを浄化したり、分解したりする。

例えば生物の死体を分解して土にしてくれたり、食べ物を消化してウンチにしてくれたり、細菌はモノを分解する役割があるのです。

これを彼らはどのように使ったかというと、例えば脳を溶かしたり、神経を溶かしたりする。

強力な細菌を腸に入れると、腸が溶けてしまいます。彼らが強力な細菌をばらまくと、森林であれ、動物であれ、そこの生物たちは全部死にます。

細菌による病気というと、赤痢とか、コレラとか、ペスト、O157など、いろんな怖い病気がありました。

ああいうのも、病気を起こさせたり、食物環境を破綻させたりするとい

これは私が世界で初めてする話で、
学者は誰も知りません。
注目すべきは、ウィルス、細菌、カビの三つです。きょう、私はこの三つの情報を降ろしました。
イルミナティとフリーメイソンが三つとも使っていました。

う戦略があったのです。
ウィルスはDNAを書き換えて、能力を上げたり、下げたりする。
細菌は壊してしまう。なくすための武器なのです。
細菌兵器を浴びせると人間が溶けていく。
一番面白いのはカビです。
私は今まで、カビの存在意義がわからなかった。
最近、初めてエネルギーを読んでわかりました。
カビは、電気を、エネルギーを通します。
宇宙の叡智もバイブレーションですから、波動です。
波動と言ってもいいし、電気と言ってもいい。そういうものの伝導役です。
人間の体にはカビがいっぱいいます。
それは電気を通しやすくするためです。活動電位（アクションポテンシ

人間の体にはカビがいっぱいいます。

それは電気を通しやすくするためです。活動電位（アクションポテンシャル）を通しやすくするためにカビがいるのです。

これは誰も言っていませんが、私が死んでから学説になる可能性があります。

ャル）を通しやすくするためにカビがいるのです。

これは誰も言っていませんが、私が死んでから学説になる可能性があります。

そうすると、どのように台風が生まれるかが読めてきます。

通り道に空中からカビをまけばいいのです。カビをまくと電気が寄ってくるから、電磁波で雲が発生します。進路を自分でつくれるのです。

私もびっくりしました。台風の原因を宇宙の叡智で探っていたら、カビだと降りてきました。カビは電気の通り道だから、自然気象を操れる。

また、カビを集中的に地中にまけば電気を発生します。地下活動、地震ができる。

地震もつくれるわけです。

カビのいい使い方は、神経にカビを住まわせて、宇宙の叡智の通りをよくすることです。カビの種類にもよるでしょうが、これは今後の研究で、

そうすると、どのように台風が生まれるかが読めてきます。

通り道に空中からカビをまけばいいのです。カビをまくと電気が寄ってくるから、電磁波で雲が発生します。

進路を自分でつくれるのです。

カビを研究するとものすごく面白いかもしれません。
ことしは彼らがカビをばらまかなかったから、台風がないのです。
例年ならあり得ないことですが、彼らはそれどころではなかった。
7月末のこの時点で、台風はいまだにどこにも発生していません。
それをみんなは気づいていない。
こういうことを見ていくと、世界が読めてきます。きょう、私が初めて読んだのです。
麹菌《こうじ》などのカビが食べ物をつくるのも、宇宙の叡智です。

Part 5

世界は
みろくの世に向かって
動き出した

3月15日にコロナウィルスが喜びと感動のエネルギーに変わった

このままでは、旧約聖書で予言された反キリストのとおりになってしまうから、私が琉球に行ったときに、出口王仁三郎があらわれたのです。待っていられないということで私に降臨して、私の過去生として蘇《よみがえ》りました。

私の過去生は王仁三郎も、ジーザス・クライストもあって、強力です。

私がまずフリーメイソンを書き換えたのは、去年（2019年）の9月23日、エジプトの秋分の日です。ドクタードルフィン一行50名で行って、午前4時にギザのクフ王のピラミッドを貸し切りにした。

私たちはそれまでナイル川をクルージングで下って、エジプトの全部の神を開いて癒やして、準備が全部整った。

イシスも貸し切って、スフィンクスも貸し切って、ギザのピラミッドも貸し切って、最後に開きました。

ジーザス・クライストも、ナポレオンも、ヒトラーもクフ王のピラミッドの覚醒をトライして、全部失敗しましたが、私は成功しました。

その成功した午前4時に、シリウスのA、B、C、D、Eが融合して、ネオシリウスになったと同時に、フリーメイソンが、私が人類を宇宙の叡智とつなげることを受け入れました。

それがまず1発目の動きでした。

フリーメイソンは認めたのですが、イルミナティが牛耳っていたから、イルミナティのスーパートップが、まだダメだと言って粘っていました。

それを私が2月1日の日本時間午後4時に開きました。

その後、ロスチャイルドもロックフェラーも認めています。

このままでは、旧約聖書で予言された反キリストのとおりになってしまうから、私が琉球に行ったときに、出口王仁三郎があらわれたのです。

ロスチャイルド、ロックフェラーは傘下だから、フリーメイソン、イルミナティが認めれば認めざるを得ません。

大宇宙の意識は愛と調和で、人類を進化・成長させるためにイルミナティ、フリーメイソンを送り込んだのです。

おまえらは悪役をやれ、新型コロナウィルスをつくれと、そういうものに少し関与させた。

彼らがつくったというよりは、彼らにばらまかせたのです。

あんな病気はもともとあったのですが、その物質化したウィルスをばらまいたということです。

ウィルスは物質化したらたちが悪いのです。

エネルギーはもともと空間にいっぱいいるのですが、それを物質化させて、彼らは不安と恐怖をあおったのです。

それであおりまくって、前述の三大柱、金融・医療・自然の三つをうま

金融を握っていることは、メディアを握っているのと同じことです。

メディアを使って、マスクしろ、隔離しろ、外出するなというデタラメな情報を流している。

本当は、今メディアの言っていることの全部逆をやれば、人類は幸せになれるのです。

く操作して、コロナウィルスを蔓延させたのです。

金融を握っていることは、メディアを握っているのと同じことです。

メディアを使って、マスクしろ、隔離しろ、外出するなというデタラメな情報を流している。

本当は、今メディアの言っていることの全部逆をやれば、人類は幸せになれるのです。

それらをやらせたのは、彼らです。

それらがうまくいっているように見えました。

それはどこまでうまくいっていたか。本年3月15日までです。

3月15日に何が起きたか、私は『卑弥呼と天照大御神の復活』(青林堂)にしっかり書きました。

旧約聖書に書かれた3年間の災いの後に、反キリストが出てきて、世を支配するようになるということを妨げたのは、3月15日の私の働きです。

旧約聖書の3年間の災いの予言を、
私が初めてひっくり返して、半年に
収めたのです。
それは同時に、出口王仁三郎とか
『日月神示』が言うように、みろくの
世の到来だったのです。

このように、救世主が出現することも、旧約聖書には書かれていました。

それは私のことです。

旧約聖書の3年間の災いの予言を、私が初めてひっくり返して半年に収めたのです。

それは同時に、出口王仁三郎とか『日月神示』が言うように、みろくの世の到来だったのです。

それは菊理姫神《くくりひめ》を開いたこととも関係します。

彼らは新型コロナウィルスを使って世を乱した後に、先ほどの三本柱を操作して、チップやワクチンで制覇する予定でしたが、私の動きで、それが失敗することになります。

新型コロナウィルスは、コロナだから太陽です。

天照大御神です。天照大御神は菊理姫神と関係があり、それらの神々は、私が全部書き換えて、コントロールさせてもらっています。

実は、新型コロナウィルスはジーザス・クライストのエネルギーも持っています。

コロナウィルスを霊的に見ると、外側にフレアが出ていますが、中に十字架があります。

あれは卑弥呼とジーザス・クライストのエネルギーの合体なのです。

太陽のエネルギーがウィルスに変わっただけなのです。

実は、新型コロナウィルスはジーザス・クライストのエネルギーも持っています。

コロナウィルスを霊的にで見ると、外側にフレアが出ていますが、中に十字架があります。

これは私が初めて言っています。

雑誌『アネモネ』の記事にスケッチを描きましたが、あれは卑弥呼とジーザス・クライストのエネルギーの合体なのです。

卑弥呼は、エネルギー的には天照大御神の子どもです。

卑弥呼とジーザス・クライストは同一人物ということも『卑弥呼と天照大御神の復活』に書きました。

これも私だけが言っていることです。

3月15日までは、新型コロナウィルスは怒りのエネルギーでした。

私はキリスト教と神道をエネルギー的に融合させました。
今度、イスラム教と仏教を融合させます。私しかできません。

なぜかというと、大分の宇佐神宮に卑弥呼が封印されていて、真なる天照大御神も封印されていたからです。

伊勢神宮は饒速日命《にぎはやひのみこと》を天照大御神として祀っており、3月15日まで世の天照大御神はニセモノでした。天皇家は知っていた可能性があります。

私が3月15日に大分の宇佐にて卑弥呼を出しました。

大元神社では、林の中の何もないところに扉が出て、その扉を開けて霊体の卑弥呼が本当に出てきました。

林の中で何人も目撃しています。

卑弥呼と同時に、ジーザス・クライストも一緒に出しました。

そのときに、大分の宇佐神宮に眠っていた真の天照大御神が初めて岩戸から出ました。

これが真の岩戸開きです。

神話で言われていた岩戸開きは、ニセモノ開きだったのです。

私が、新型コロナウィルスをつくっていた卑弥呼とジーザス・クライストの悲しみ、怒りのエネルギーを癒やしたから、彼らは喜びと感動のエネルギーに変わりました。

もし私が3月15日に開かなかったら、どうなっていたでしょうか。

死者がもっとふえて、大企業はほとんど潰れて、彼らのもくろみどおりになったでしょう。

私が3月15日に霊性邪馬台国を出させて、正午に各地で地響きがバーッと起きました。

テレビなどでは言っていませんが、感じた人が何人もいました。

霊性邪馬台国がエネルギー体として出て、日本が世界のリーダーになった瞬間です。

そのときに新型コロナウィルスが穏やかに変わりました。

今までは人類を一回完全に潰そうということで、菊理姫神による「壊し」が大暴れでした。

あそこで菊理姫の「壊し」から「創り」に入れ変わったのです。

卑弥呼とジーザス・クライストがハッピーになって、天照大御神の本物が出てハッピーになって。大いなる父もハッピーになって、その瞬間に、私が真なる天照大御神を天皇家とつなぎました。

プラス、私はキリスト教と神道をエネルギー的に融合させました。

今度、イスラム教と仏教を融合させます。私しかできません。

私がどうしてそういうことができるかというと、88次元のもとに、アブラハムのエネルギーを持っているからです。

だから、新型コロナウィルスは3月15日の正午にいきなり穏やかになって、人類を撲滅させない、潰さないで、最小限の被害で立て直すという方向になりました。

そうでなければ、こんなに穏やかでなく、地獄絵を見るところでした。

こういう私の働きがあったことを知らないから、メディアは、こんな時期に、私が安倍昭恵さんとマスクをしないで50人で宇佐神宮を集団参拝したから、どうのこうのと大騒ぎしました。

家族からも誤解されて、ホテルに逃げ込まなければいけない。ひどいものでした。

記者には追いかけられるし、あのころは本当に私のエネルギーが衰弱しましたが、それでもやらざるを得ない。

私が大変な仕事をしたから、悪の勢力がほとんど書き換わっているのですが、最後のあがきでメディアを差し向けてきたのです。

私がそれだけの力を持っていることを知っているから、私が政界の裏のドンだというような記事にしたかったのです。

Part 6

彼らが人類の集合意識を操るその方法と彼らのDNAを書き換えたその真実

メディアで集合意識を操作して人類を支配する

人類を支配するのに最も効果的なのは集合意識を操作することです。

人間を操る手段としては最強です。

個が宇宙の叡智とつながって、楽で愉しく、進化・成長して生きるためには、個が個でないと、自分が自分でいられないとダメなのです。

他者の集合意識の影響を受けてはいけない。

でも、地球は人口が80億人もいますから、集合意識がすごいのです。

80億人の90％以上が同じことを考えたら、それが当たり前の力になります。そうでないといけないようになってしまうのです。

地球で暮らしづらくなる。

それを利用したのが17世紀に始まったイルミナティ、フリーメイソンの系統で、そのためにはメディアの一番上部を押さえたのです。

メディアの下っ端なんかどうでもいいのです。

スーパートップだけ、権益を持っている人間だけを自分たちで教育して、もしくはそういう人間を雇って、金融・医療・自然を操る。

本来の正しい情報は伏せて、間違った情報を上で決めてしまうのです。

イルミナティ、フリーメイソンのスーパートップの人間とメディアのスーパートップが組んで、情報を仕組んで、それを信じ込ませるのです。

それだけが正しくて、それ以外の考え方は正しくないことにしてしまう。

それを間違っていると言う人間は、力がないやつは放っておけばいいけれども、ある程度影響力がある人間が間違いを指摘し始めると、瞬殺、抹殺してきました。

集合意識をつくるためには、邪魔者をやむを得ず消してきました。

集合意識をつくるためには、邪魔者をやむを得ず消してきました。

メディアを完全に牛耳っているから、正しいことを言う人とか、邪魔な人間はメディアに絶対に出させないし、出たら抹殺する。自然に消えていくようにする。

メディアを完全に牛耳っているから、正しいことを言う人とか、邪魔な人間はメディアに絶対に出させないし、出たら抹殺する。自然に消えていくようにする。

彼らが一番うまくやっているのは、そこなのです。

集合意識を牛耳っている。

自分たちでつくれるということなのです。

マスクをしないといけないというのも集合意識です。

ウィルスなんてマスクの網目を通ってしまうのはわかっているし、ウィルスはエネルギー体で感染するものだということは、なんとなくわかっていて、マスクは、意味がないということを知っている。

ただ一つ、咳をしているときに他人に迷惑をかけるからという理由だけは正当化していい。

それ以外は、あんなのは低次元の人間の象徴的な姿です。

ウィルスなんてマスクの網目を通ってしまうのはわかっている。
あんなのは低次元の人間の象徴的な姿です。
私はマスクゾンビと言っています。

私はマスクゾンビと言っています。

家にいるのも間違いで、それこそウィルスをいっぱい浴びればいいのです。

環境のよいところに行って、ウィルスをいっぱい浴びたら、自分を人に頼らなくていい人間に進化させてくれます。

それなのに家に閉じこもっているから、不安・恐怖でウィルスが物質化して、余計病気になりやすくなる。

マスクをしろというのは、口の中は換気が悪くて、マスクの中で空気が汚れてウィルスがはびこるから、病気にさせる一番いい方法です。

もう一つは、家に閉じこもっていると、それも、換気が悪い。

太陽を浴びると、新しい天照大御神のエネルギーによって、ウィルスは、愛と感謝に変わるのですが、太陽が入らない家だと、不安・恐怖で物質化するのです。

今メディアで紹介しているのは、病気になって早く死ぬ方法です。
みんなそれに従っている。バカだなと思う。

今メディアで紹介しているのは、病気になって早く死ぬ方法です。
みんなそれに従っている。バカだなと思う。

イルミナティ、フリーメイソンをこう書き換えた

イルミナティ、フリーメイソンのスーパートップは、実は、自分が世界の中心になって、人類を支配下に置いて世界を新しくすることが人類の幸福になると信じていました。

自分が幸せにさせられると信じていた。

ただ、そのためには、自分の言うことを全部聞きなさい、としていた。自分の言うことを聞いたらちゃんとおカネの保障もするし、生活の保障もするし、健康の保障もするし、自然・気候も穏やかにするという魂胆でした。

ここで一番問題なのは、イルミナティとフリーメイソンのスーパートッ

プは脳を使った意識をコントロールしたことです。

大宇宙の叡智は、一人がトップになるというピラミッド型を一番嫌うのです。

イルミナティ、フリーメイソンはピラミッドの絵を出しているでしょう。

あれは支配構造の絵です。

逆に、宇宙の大もとが願うのは、人それぞれが同じ高さで、別々の形で、お互いがサポートし合っている形です。

それは、全く違うので壊されてきたのです。

なぜ私が彼らを書き換えたかというと、宇宙の大もとがそれを望んでいるからです。宇宙の大もとが望んでいることを、私を使って実行しているわけです。

私がイルミナティ、フリーメイソンをどうやって書き換えたかというと、実際にスーパートップの人と物理的に一対一で会って、書き換えたのではありません。

もしくは、手紙を送ったり、電話をして書き換えたのではない。

私はいつも神を書き換えるとか、神を癒やすとか、エンジェルを癒やすとか、大もとのガイアのエネルギーを癒やすとか、いろいろやりますが、それらはエネルギーでアクセスしているだけです。

同じように、イルミナティ、フリーメイソンの集合意識というエネルギーにアクセスしたわけです。

それはどこにあるかというと、ここにもあるし、あそこにもあるし、地球の裏側にもあるし、宇宙にもあるのです。

今生きている人だけで構成されている600万人のフリーメイソン、その中のイルミナティ、その生きている人だけにアクセスしているわけではありません。

過去の死んだ人にもアクセスしています。

創始者にもエネルギーでアクセスしています。

今生きているトップの人たちよりも、死んだ人、昔のトップの人のほうがエネルギーが高いのです。

だから、私が生きている人と会って、交渉して同意を得ても、死んでいるエネルギー体の人たちがノーと言ったらダメなのです。

そこが誰も書き換えられなかった一つの理由でもあるのです。

私は幸い高い次元にアクセスできるので、亡くなって高次元にいるイルミナティ、フリーメイソンのトップの人、過去の人のエネルギー体を含めた集合意識全てに、一塊としてアクセスしている。

私がおととしぐらいからやってきたことを彼らはずっと観察してきていますから、私のことを強く認識しています。

そこで、私は、いよいよ地球人類の個人が一人一人目覚めて、自分の好きなことをして、誰にやらされるわけではなく、自由に自分の責任で生きて、自然に支え合う。

　無理やり支えるのでなくて、自分が好きなことをやっているだけで、お互いに支え合っているような社会にすることが必要だということを彼らに投げかけました。彼らは少し考えました。

　しばらく置いて、私は彼らの集合体のエネルギーを読みました。

　イエスだったら私の身体のどこにビリビリきて、ノーだったらどこにビリビリくるというのが私はわかっているから、全部イエスだったということです。

　フリーメイソン、イルミナティ、ロスチャイルド、ロックフェラー、全部イエスを出しました。

　それが最終的に完結したのが3月15日です。

　そのときに一斉にアクセスして、全てがオーケーになりました。

意識変換のキーは、あるがままを受け入れること

だから、これから人類はいよいよ目覚めてよくなったのです。

今までは、目覚めてはダメだったのです。

目覚められなかった。

どんなに個人が卓越して、例えば穴の中で10年暮らそうが、木の下で10年座ろうが、飲まず食わずでどんな修行をしようが、その集合意識が許していない限り無理だった。

今までは誰か師匠に弟子入りしたり、修行して目覚めるんだということでしたが、これからはいよいよ誰の助けもなく、あなた一人だけの意識変換で高次元DNAが書き換えられる。

意識変換だけで宇宙とつながれる時代が来ました。
その意識変換の一番のキーを教えます。

意識変換だけで宇宙とつながれる時代が来ました。

その意識変換の一番のキーを教えます。

今までの人類は、他者と比べて自分がいつも不十分で、不完全で、愛に乏しいと、イルミナティ、フリーメイソンに考えさせられてきた。

でも、これからは彼らが許したので、集合意識が邪魔することがないから、あなたは今ここのあるがままの状態で全てを受け入れて、何ひとつ否定することなく、何ひとつ変えようとすることもなく、そのままで既に十分で、完璧で、愛でいっぱいということを意識した途端に、宇宙とつながれるようになる。

邪魔するものがないから、非常に簡単です。

私の教える世界はシンプルだけれども、本当のことがわかっていないと難しいです。

上辺だけで私の世界を勉強しても、次元が違い過ぎます。

今、地球人類の意識次元は平均は3.5です。
3.6ぐらいになっているかもしれません。それを底上げして3.8にする。そうすると、大分違ってきます。

今3・5次元の人間が、私の言っていることを本当に理解できるかというと、できないです。

私の言っていることがある程度受け入れられるのは、3・8次元以上の人間です。

ほとんどの地球人はついてこられないから、そこを底上げしなければなりません。

今、地球人類の意識次元は平均は3・5です。

3・6ぐらいになっているかもしれません。それを底上げして3・8にする。そうすると、大分違ってきます。

戦争とか経済のいろいろな争いも、結局、イルミナティとフリーメイソンたちがうまく仕組んできたのです。

国と国とが争うように、片方の資源を抑圧したり、片方を潤わせたり、お互いがいがみ合うようにつくってきたのも彼らです。

それは役割だから、全部つくられてきたということです。

彼らは人類の叡智とつながることを容認したから、戦争をつくることもやめてくると思います。

最初の第一歩として、台風と花粉症をつくることをやめました。

これからもある程度は起こるだろうけれども、前ほどではなくなります。

自然災害は、菊理姫神のエネルギーと卑弥呼のエネルギーがあるから、まだ火山爆発とか地震は起きます。

まだ壊さないといけない部分がある。

「壊し」の3年間の中だから、今はまだ起こると思うけれども、いずれこのステージを越えれば、自然災害も戦争もぐっと減ります。

いよいよみろくの世です。

今度、札幌でまたリトリートをやります。

聖地フゴッペでみろくの世をまたさらに加速させます。

私のパラレル過去生である出口王仁三郎さんも、そうだ、そうだと言って喜んでいます。

フリーメイソンだけでなくて、友愛団体とか、世の中にいいことをしている団体でも、トップは何を考えているかわかりません。

結局、ナンバー2以下は真実を知りません。

いいことばかり言って、いいことをやっているように見せかけるけれども、トップはうまく牛耳っているのです。

国連も、WHOもそうです。

国連もプロビデンスの目のマークを出している。

国会議事堂はフクロウの形です。

そういう勢力が全部権力を持っているので、そういう組織は全部一掃されたほうがいいのです。

これからも言えることは、世の中に貢献する、世の中を変える力を持つ人間は、組織からは生まれません。

組織に属していない一匹狼の人間こそが変えていくのです。私もそうです。

Part 7

イルミナティ、フリーメイソンはこうして戦争と教育（狂育）を操った！

教育も牛耳られた

イルミナティ、フリーメイソンの人類操作の三本柱は金融・医療・自然ですが、教育も大きな柱です。

子どもの未来は大切です。

私は、みろくスクールをさせてもらっています。これも本になります。

今、先生たちはこれが一番いい教育だと一生懸命やっていますが、あれも全部牛耳られたものです。

戦前の日本人は、自分は神だとか、神風だとか言って、個人の能力がすごくて、世界で一番恐れられたのですが、戦後、教育の形をつくるときに、

ＧＨＱのマッカーサーが入りました。

彼はフリーメイソンだから、人類には、個人の能力はない、ボンクラ人間の一人にすぎないんだという教育をやれと言ったのです。

言い方は悪いですが、無力な人間だと思わせる教育をしたのです。

誰もができることをやればいい。特別に誰もできないことができる人間をつくるな。

突出した人間をつくってはダメだというトップ命令でした。

目立つ人はたたき、言われたことだけをやっている人を褒めるという、曲げられた教育でずっと来たのです。

その辺がどうなっていくか。安倍首相（現在は、安倍元首相）にしても、フリーメイソンの力が、今、政治に相当かかっているから、みろくの世に向かって、そこからどうやって脱出していくか。これからやっていかなければならない。

戦後、教育の形をつくるときに、GHQのマッカーサーが入りました。彼はフリーメイソンだから、個人の能力はない、ボンクラ人間の一人にすぎないんだという教育をやれと言ったのです。

私はこの前、みろくスクールで、先生の言うことを聞くな、宿題をするな、学校に行くな、褒められるな、と言ったのです。今の教育の全部逆で、自分の好きなことだけやって、それ以外は全部やめろと言った。

究極的な学校です。

そもそも学校という存在が要らないのです。

貧しい国に学校をつくってあげたり、教育を受けられないのは不幸だとか、善人ぶる。

それは悪いことではないのですが、ああいう学校に行くと、比較するようになるし、自分の能力を卑下するようになります。

自分だけで生きていったら、自分の楽しいことしかしないから、それで「自分」という人間ができます。

学校に行くと「他人」ができます。

無力な人間だと思わせる教育をしたのです。

誰もができることをやればいい。

特別に誰もできないことができる人間をつくるな。

突出した人間をつくってはダメだというトップ命令でした。

目立つ人はたたき、言われたことだけをやっている人を褒めるという、曲げられた教育でずっと来たのです。

自分が他人になってしまうのです。
自分を他人化させるのが今の学校です。
自分を自分として成り立たせるのは、みろくスクールだけです。
今の社会では、先生とかに褒められた時点で無力化します。

イルミナティ、フリーメイソンがもくろんできたこと

そもそもイルミナティ、フリーメイソンは、どういう社会をもくろんでいたのでしょうか。

まず、これから大事になる教育からお話しします。

レムリア、縄文の流れは、これまでも述べてきましたが、愛と調和のエネルギーであって、核をつくるものは個の独立と融合です。

だから、個の独立がカギであって、個人が誰にも影響されずに自分を生きることが、愛と調和には必須なのです。

でも、今の世の中を見ると、世の中が平和になるためには、自分を殺して人と合わせる必要があると教えられています。

誰も気づいていないのですが、これがミソです。

自分を殺して人と合わせることが必要だといまだに思わされています。

これをつくったのがイルミナティ、フリーメイソンなのです。

レムリア、縄文までは、愛と調和がありました。

その後、日本においては、大まかに言うと、弥生時代、平安時代、戦国時代を経て、江戸時代となりました。

結局、イルミナティ、フリーメイソンが出てきたタイミングで、国と国との戦争が出てきました。

イルミナティ、フリーメイソンが出てきたのが17世紀ぐらいからで、独立戦争、第一次世界大戦など、世界史に名前が残る戦争は大体1600年代以降です。

戦争をするためには、自分の国の軍隊をつくらないといけません。

そういったときは、ピラミッド構造をつくるのに最適なのです。

日清戦争、日露戦争の時代から第一次世界大戦、第二次世界大戦になると、まさにイルミナティ、フリーメイソンの思うツボです。

国民たちは国家に従うべしと。

自分たちが守らないと殺されるぞという方程式ですから、トップがいて、みんなコマになって働きなさい、命をかけてでも、自分を捨ててでも守りなさいという強力な教えがありました。

今の天皇家も、やはりそういう影響を受けています。

日清戦争、日露戦争の時代から第一次世界大戦、第二次世界大戦になると、まさにイルミナティ、フリーメイソンの思うツボです。

国民たちは国家に従うべしと。

言ってしまえば、彼らは、日本は神の国であると知っているわけです。

超古代から神という集合意識で非常に強力な国である。

ここをうまく操らないことには世界はとれないと知っていたので、とくに日本を統制することに向けて力を入れました。

だから、戦争のマトになるわけです。負かさないといけなかった。

その前に、日本の国民に自分を犠牲にしてでも国のためにやっつけろと

トップは組織の1%で、スーパートップは0.01%です。
スーパートップは1万人に1人ぐらいです。
人間の操り方、潜在意識をコントロールする方法は、スーパートップしか知りません。

いう、神風特攻隊をはじめとする、殉死する人たちは美しいという概念をつくり上げたのは日本の国家です。

あれもアトランティス系のエネルギーが乗っていた。

イルミナティ、フリーメイソンはもちろんアトランティス系のエネルギーですから、彼らはスーパートップを通じてうまく操ったのです。

トップは組織の1％で、スーパートップは0・01％です。

スーパートップは1万人に1人ぐらいです。

人間の操り方、潜在意識をコントロールする方法は、スーパートップしか知りません。彼らはアトランティス系のエネルギーで、プレアデス[※]とつながっていたので、人の意識を変えるのは簡単なのです。

※プレアデス
宇宙における、地球よりも進化した星社会。テクノロジーは発達しているが、分離と破壊のエネルギーを有する

日本の天皇とか、天皇だけでなく、
日本の国家を操るスーパートップを
巻き込んで、戦争に仕向けたわけです。
しかも、そのときの教育はまさにプレアデス直系のアトランティスの教育だったのです。
個を犠牲にして、国を守れ。

しかし、それも、私が昨年（2019年）9月の秋分の日にピラミッドを開くまでです。

それで、日本の天皇とか、天皇だけでなく、日本の国家を操るスーパートップを巻き込んで、戦争に仕向けたわけです。

そのときの教育はまさにプレアデス直系のアトランティスの教育だったのです。

個を犠牲にして、国を守れ。

しかも、一致団結しろという力ずくの統合で、無理やり力でグッと寄せられた。

これは、統制教育をつくり上げるのには最もいい方法です。

世界もそうです。日本はとくに神のエネルギーで、そのエネルギーがどこの国よりも強かったので、零戦をつくるところまで行きました。

ほかの国はそこまで行かなくても、フランスにしても、イギリスにして

核爆弾は、アトランティス系の破壊のエネルギーです。

プレアデスは平和的な破壊のエネルギーを持っているのに、アトランティスの本当の破壊にしたわけです。

平和的でなく、狂暴な破壊にした。

それが核爆弾です。

も、ドイツにしても、ロシアにしても、どこにしても、軍隊という制度をつくることで、神の言うことを聞かないといけない、トップの言うことを守ること、ちゃんと実行することが優秀であるという風潮をつくり上げました。イルミナティ、フリーメイソンはそういう風潮をつくることにたけていたのです。

日本は、思ったよりも戦争が強かったのです。

やはり神の力をバックにするので非常に手ごわい。

日本の集合意識が強過ぎたのです。

だから、日本を弱体化するために核爆弾をつくり、戦争で負けさせました。

核爆弾は、アトランティス系の破壊のエネルギーです。

プレアデスは平和的な破壊のエネルギーを持っていましたが、アトランティスにあった本当の破壊のエネルギーを使いました。

平和的でなく、狂暴な破壊にした。それが核爆弾です。

何で日本が核爆弾の標的になったかというと、イルミナティ、フリーメイソンのスーパートップからすると、ここを抑えつけないと自分たちが牛耳れない。

日本の力が本当に開いてしまったら日本が世界のスーパートップリーダーになるというのが、誰もがわかっていたことだからです。

先生は絶対と教えた

教育もそのままの流れで、GHQが入り、マッカーサーも入った。実はマッカーサーもフリーメイソンだと言われています。

エネルギーを読むと、マッカーサーはフリーメイソンです。

吉田茂氏はフリーメイソンと言っている人がいるけれども、エネルギーを読むと、フリーメイソンではないみたいです。

鳩山一郎氏は、スーパートップではないけれどもフリーメイソンです。

黒船のペリーがイルミナティです。

開国ということで、日本にうまく入ってきました。

戦後、全部解体して、全部フリーにして、レムリア、縄文のようにして

マッカーサー

ペリー

吉田茂（左）と鳩山一郎（右）

しまうと、自分たちが統率できなくなる。

しかし、教育は、国が大事と教えると戦争の際に力を持ってしまうので、あえて先生が大事と教えたのです。

先生の言うことは絶対だ。先生の言うことを聞きなさい。

大人は絶対だ。大人に従いなさい。

とくに大人の中でも、先生には絶対服従としたのです。

ここが教育のミソです。

私のみろくスクールでは、大人より子どものほうが偉い、エネルギーが高いと教えています。

しかし、戦後の学校では、決まった曜日、決まった時間に行かせる。

そして、決まった科目をやらせる。宿題をやらせる。これも全部統率のためです。

統率に従わせる一番の手段は試験です。

統率に従わせる一番の手段は試験です。

試験で生徒を順位づけする。

これがまさにイルミナティ、フリーメイソンの一番のカギでした。

試験で生徒を順位づけする。

これがまさにイルミナティ、フリーメイソンの一番のカギでした。

これには学校を使うのが一番いい。権力には絶対服従の大人ができます。

やれと言われたことはやらないとダメ。

成績を出して先生に褒められないとダメという教育をうまくつくり上げました。

教育のスーパートップ、0・01％は、イルミナティとフリーメイソンにすごくつながっていました。

でも、公式には、あるいはメディアには、スーパートップは出てきません。

必ず陰にいます。

出てくる人は陰謀を知らないのです。

だから、自分たちがいかにもいいことをしているように言うでしょう。

人類を削減した上で、ワクチンでチップを埋め込む。
先生の言うことを聞かなくても、チップの言うことを聞けばいいのです。
チップで量子力学的にコントロールできる。

あれは本当にいいことをしていると思っているのです。

本当に操っているスーパートップは出てきませんが、教育を牛耳って、自分たちが世界をコントロールできてきたという一つのストーリーだったのです。

今、病気になる先生がたくさんいます。

子どもが進化して自分たちよりエネルギーが高くなって、手に負えなくなった。

子どもが先生の言うことを聞いてはダメだというのがわかってきて、新型コロナウィルスで学校も行かなくていいということがわかってきました。

教育崩壊です。

フリーメイソン、イルミナティは、上に統率されなくていいということを知った人類がふえ過ぎたので、最終的には新型コロナウィルスで人口削減をしようとしているのです。

そういう人間たちがふえたら困るということで、人類を削減した上で、ワクチンでチップを埋め込む。

先生の言うことを聞かなくても、チップの言うことを聞けばいいのです。

チップで量子力学的にコントロールできる。

ついこの間まで、そういうふうにしようとしていたわけです。

Part 8

スーパートップ
0.01%超悪が
みろくの世の芽を
摘んでいた！

紙幣で金融をコントロールする

金融に関しては、マネーというものをつくったのも、彼らが出てきた17世紀ごろからでしょう。

江戸時代は金貨とかはあったにせよ、本当の紙幣が出てきたのはそれぐらいです。

金《きん》は金自体に価値があるから、紙幣とは全く違います。

おカネを牛耳っている者が潰れても価値がゼロになることはない。

それを紙っぺらにしたら、カネの価値を上げるも下げるも彼らのしわざです。

ロスチャイルドとロックフェラーがついているから、紙切れの価値を操れるわけです。

これが大きかったのです。世界の金融を牛耳ることができた。おカネを自分たちの都合のいいように回せるようにしたということです。これをやったのは賢い人たちで、プレアデス、アトランティスの叡智を持っているので、人間が紙幣を追い求めるようにしたのです。

世界の国々には、石油を持っている国とか、ガスや石炭を持っている国とか、それぞれの資源があります。

レムリアの原則では、私たちはこれを持っている、あなたたちはあれを持っている、あれをちょうだいというので成り立つのです。

日本は資源がないから、それをもらって、自分の持っているもの、それはモノでなくても、日本の精神性を教えるとか、文化とか、半導体などの知的財産を生産して交換する。

それが本来の愛と調和の世の中の基礎になります。

ロスチャイルドとロックフェラーがついているから、紙切れの価値を操れるわけです。

これをやったのは賢い人たちで、プレアデス、アトランティスの叡智を持っているので、人間が紙幣を追い求めるようにしたのです。

そこに紙幣を介在させたので、紙幣の動きをコントロールできるようになりました。途中で介在するイルミナティ、フリーメイソンの思惑どおりにいくので、資産を持っている国も、自分たちの必要なものが受け取れるわけではないのです。

自分たちの資産は外に出すけれども、そのかわりに自分たちに足りないものを受け取れるという方式がなくなったのです。

紙幣を握ったイルミナティ、フリーメイソンは、需要と供給をコントロールできるようになり、そこで意地悪したり、人間のエゴを利用して、自分たちが潤うようにしました。

プラス、自分たちの理想的な世界に都合がいいようにおカネを分配しました。

それによって食料戦争、資源戦争が起きました。

世界にはいろんな富豪がいますが、金融機関のスーパートップ、0・01

世界にはいろんな富豪がいますが、金融機関のスーパートップ、0.01%しか本当の企みを知りません。教育にしても、金融にしても、自然環境にしても、何にしてもスーパートップだけが恩恵を得る世界がつくられて、金融も経済も牛耳ってきました。

%しか本当の企みを知りません。

彼らは恩恵を受けていますが、その下は恩恵を受けていません。教育にしても、金融にしても、これから述べる自然環境にしても、何にしてもスーパートップだけが恩恵を得る世界がつくられて、金融も経済も牛耳ってきました。

政治も牛耳る

もう一つ言うと、政治も牛耳ってきたのです。これがまた、さらに大きい。

国会議事堂は、上から見るとフクロウの形をしています。

フクロウは悪魔ルシファーの象徴です。国連でさえも、人権を保護するなどと言いながら、プロビデンスの目が入っている。1ドル紙幣はもちろんです。

ということは、政治のスーパートップも、吉田茂はフリーメイソンでなかったにしても、そこの影響をモロに受けているということです。国のキーとなる変化のときに、国のトップは必ずそことつながってきたでしょう。

ただ、都合が悪くなると殺される。

とくにアメリカはそうでした。

アメリカの大統領がすぐ殺されたように、その辺のことを世間にバラそうとか、ちょっと言うことを聞かないと殺されてしまう。

0・01％のスーパートップが知っている世界と、それ以外の99・99％が知る世界とは、全く別の世界だったのだろうと思います。

政治も、決断としては彼らの能力が入ってきているのです。

ただ、トランプという人は異質で、私がエネルギーを読むと、イルミナティも、フリーメイソンも、ロスチャイルドも、ロックフェラーも、いずれのエネルギーもかかっていないようです。あの人は本当に自分の力があって、自分の金融界をつくり、自分の人脈をつくってきた。

ヒラリー夫人にしても、オバマにしても、その辺の色が濃いと言われてきました。

0.01%のスーパートップが知っている世界と、それ以外の99.99%が知る世界とは、全く別の世界だったのだろうと思います。
政治も、決断としては彼らの能力が入ってきているのです。

トランプという人は異質で、私がエネルギーを読むと、イルミナティも、フリーメイソンも、ロスチャイルドも、ロックフェラーも、いずれのエネルギーもかかっていないようです。

そうであったのだと思います。

だから、イルミナティ、フリーメイソンが全盛期だったら、トランプは大統領になっていません。

今はイルミナティ、フリーメイソンの方向性が相当変わってきているので、トランプが大統領になりました。

ただ、イルミナティ、フリーメイソンも集合意識としては以前の遺産の意識が残っているので、まだちょっと大変なところもあるということです。

今までは、政治の決定、国と国との関係性とか、その国のあり方も、イルミナティ、フリーメイソンが全部指図してきました。

自然環境をコントロールする

自然環境は誰もコントロールできないものという集合意識が植えつけられているので、彼らにとって格好の材料でした。

政治経済とか、金融とか、教育は、誰かが牛耳っているのではないかと考えやすい部分があるのですが、自然気象の場合は誰かが牛耳っていると考えにくかった。

最近、ようやくＨＡＡＲＰとか、何かを空中にまいて自然気象を牛耳っているという話も出てきましたが、彼らにとって一番コントロールしやすい部分だったのです。

まず、地震です。

定期的に数回起こすことによってダメージを負わせて、人類は無力だと思わせることが一つです。

もう一つは、そこで自分たちの都合のいいように経済の動きをつくれる。これは戦争を起こさせるのと同じです。

もちろん、起こす場所はもともとプレートがあるところです。

そこをいかに弾ませるかということだから、ある程度限定はされてくるものの、どのタイミングで、どこに起こすと一番都合のいい世界の動きになるのかというのは見ているはずです。

地震以外では、火山の噴火も、量子力学的にマグマの動きをコントロールすることによって、ある程度はできるでしょう。

また、大雨とか台風、嵐を起こすことで、人的被害と自然被害を起こさせて、調和を途切れさせる。人類は無力だと思わせること、プラス、被害によってダメージを負わせて、自分たちに都合のいいように経済を動かす

まず、地震です。

定期的に数回起こすことによってダメージを負わせて、人類は無力だと思わせることが一つです。

もう一つは、そこで自分たちの都合のいいように経済の動きをつくれる。

これは戦争を起こさせるのと同じです。

という要素がありました。

イルミナティ、フリーメイソンについて、私が何回か力説してきたように、スーパートップは、自分たちが牛耳れるようにという方向に動いてきたのですが、それ以下の99・99％の集合意識は、愛と融和というのがかなり強いわけです。

自分たちは世界をよくするため、人類の生活をよくするために活動していると考えている人が多いので、そういうポジティブな、善的な集合意識もかなりあります。

例えば、台風を7月、8月に発生させるのは、もちろん気象的なこともありますが、アメリカは入学前の休みです。

日本も夏休みです。レジャーでヒトとモノが一番動くのです。

世の中で人が急に集まったり、密集したりすることは生態系にとってはよくないということは知っているのですが、ただ、そういうときに人類を

また、大雨とか台風、嵐を起こすことで、人的被害と自然被害を起こさせて、調和を途切れさせる。人類は無力だと思わせること、プラス、被害によってダメージを負わせて、自分たちに都合のいいように経済を動かすという要素がありました。

欲求不満にさせたい。一番遊びたいときに遊べなくするということで、欲求不満でいつもいら立たせて、人を衝突させる。平和でいさせないほうがいいということが一つあるのです。

ただ、何でもそうですが、99・99％は愛と融和を持っているので、スーパートップが自分たちに有利なように、教育にしても、金融にしても、政治にしても、自然環境にしてもコントロールしたとしても、そういう世界だからいい部分もあったのです。

言われたことはちゃんとやる。

規則正しく行動するということで、今まで経済発展してきました。

そういう統制のおかげで、国がしっかり整備されてきました。

政治が誘導したから、おカネがたくさん動き、いろいろ楽しいレジャー、裕福な生活ができるようになりました。もちろん、自然環境も、嵐などがあるから動植物が恩恵を受けてきた部分もあるのです。

生活全般も牛耳る

もちろん生活全般に関しても、彼らは牛耳ってきました。

人類は、何もなくても、食べなくても本当は生きていけるのです。

エネルギーが高ければ、アナスタシア（ウラジーミル・メグレ「響きわたるシベリア杉」シリーズの登場人物）のように木の実をかじっていればいい。

何も着ないでスッポンポンで、野原で生活していればいいのです。

寝なくてもいい。

自由に、横になりたいときはなって、食べたいときは食べて、あとは動植物と戯《たわむ》れて幸せを感じるのが本質です。

食べないとダメ、眠らないとダメ、夜は寝て昼間は働かないとダメ、昼間は学校に行かないとダメという生活のパターンをつくったのは彼らなのです。

縄文時代は自由でした。

いつ寝てもいいし、1週間食べないで、狩りで動物がとれたときに食べる。

学校なんてないし、ふだんの生活が学びです。

しかし、アトランティス系のプレアデスのエネルギーで、まさに17世紀、18世紀ごろから、今のような生活がつくられてきました。

1日3食などということはなく、昔は1食や2食でした。

何を食うかも自由です。

ライオンを見ていたらわかります。

たまにしか食わないで、同じものしか食わないから偏食なのに元気です。

サルやシカも、ろくなものを食っていない。

決まった栄養素をとらないといけないというのは人間だけです。

栄養学、食物学、睡眠学の博士たち、テレビで偉そうなことを言っている人は、自分では本当にいいことを言っていると思っているのですが、あの人たちを教えたスーパートップの人たちにやられてしまっているのです。

人間を弱体化させるための生活学です。

これも悪いところばかりでなくて、それをやったから規則正しい社会ができたのですが、これは本来、人間が望むことではないのです。

みろくの世とか、レムリアの世とはほど遠いのです。

ただ、スーパートップが悪役としていろいろコントロールしても、99・99%の良心、善意があるから、同時に、善の部分を持つのです。

イルミナティ、フリーメイソンと言ったときに、今まではみんな0・01%のことしか語ってこなかったけれども、同時に、99・99%も語らないとダメなのです。

それがこの本であって、彼らは本当によくしようと思っている。鳩山由紀夫さんなんかそうです。自分がやったら世界がよくなると完全に思い込んでいる。だから、彼らが悪いわけではなくて、牛耳っている人が悪役をしているのです。悪の面があったら、必ず善の面があるということです。

新型コロナウィルスのワクチンは、彼らの最後のあがき

去年（2019年）の秋分の日、私がピラミッドを開くまで、彼らの望む状態でずっと来ました。私がピラミッドを開いていなかったら、ことしぐらいに彼らの望む世界が完成していたのです。

そうなっていたら、我々はこんな平和な世界にいません。

完全に洗脳されて、チップもうまくいって、コントロールされるのが幸せだと思い込む人間がつくられているはずでした。

次元が低いままで、終わっていたわけです。

チップで彼らにコントロールされていると、一瞬幸せかなと思うのですが、ふとしたときに、これって本当に幸せなんだろうかという世界になっ

ているわけです。

そう思うんだけれども、またチップで無理やりコントロールされて、永久に本当の幸せに気づかない人間がつくられるところでした。

ピラミッドを封印したのは、イルミノティ、フリーメイソンです。

アトランティス系の流れです。

それを封印したから、人類が宇宙の叡智とつながらなくなった。

人間は本当の幸せを知らずに操られていた。

本当の幸せを知らない人間を世の中につくれたのです。

私がピラミッドを開いて、人類はもう知ってしまったから、最初にフリーメイソンがギブアップしました。

ピラミッドを開いた瞬間、人類の自由な覚醒、宇宙の叡智とつながることを認めたのです。

イルミナティはフリーメイソンの上層部ですから、こだわって、まだ拒

私がピラミッドを開いて、人類はもう知ってしまったから、最初にフリーメイソンがギブアップしました。

ピラミッドを開いた瞬間、人類の自由な覚醒、宇宙の叡智とつながることを認めたのです。

否していたのですが、2月1日にイルミナティが認めました。

あと、金融機関だけが渋っていたのですが、その後、ロスチャイルド、ロックフェラーも、母体であるイルミナティまで認めてしまったのだからしようがないということで認めたのです。

それが最後に完結したのが3月15日で、私が卑弥呼と天照大御神を開いたときに、大いなる父とジーザスも一緒に開いたから、イルミナティ、フリーメイソン、ロックフェラー、ロスチャイルドだけでなくて、KKKも何も、いわゆる陰の勢力全体、闇の結社と言われている人たち全てが認めました。

だから、そこで新型コロナウィルスの遺伝子が変わったのです。

あの瞬間に、レトロウィルスである新型コロナウィルスのRNAが書き換わりました。彼らは、人類を完全に支配するために人数を削減して、彼らにとって都合のいい人間だけ残そうとしたのですが、そうではなくて、ワクチンをチップ化させるのです。

ワクチンなら、チップと言わずに打てます。

皮膚に埋め込むチップではなくて、DNAに入ってしまうチップですから、彼らの意思でDNAを書き換えられるようになります。

それが彼らの最終目的でした。

本当に残りたい人間が残れるようになってきたのです。

新型コロナウィルスはそんなに病気も起こさないし、死もまねかないウィルスなのです。人間は今までは不安・恐怖ばかりでしたが、愛と感謝で受け入れようという私の本がヒカルランドから出て、愛と感謝でいいんだというようにみんなの気持ちが緩んできました。

新型コロナウィルスは、人間の遺伝子、DNAを進化する方向に書き換えます。

昔のスペイン風邪とか、いろんなときに人類は進化してきました。

超古代でも、RNAウィルスが蔓延したときに人類は進化した。

それと同じようなことが、今、起きつつあるのです。

集合意識は、もう書き換わりました。

私は、イルミナティ、フリーメイソンの創設者とか、過去、現在のスーパートップを含めて、全部書き換えました。

一部がまだ未練を持っているのですが、書き換えられた集合意識には勝てません。

どうせうまくいかないのですが、最後のあがきみたいなことで、ウィルスのワクチンを全員に接種するとか、わけのわからないことを言い出しました。

ワクチンをチップ化させるのです。

ワクチンなら、チップと言わずに打てます。

皮膚に埋め込むチップではなくて、DNAに入ってしまうチップですから、彼らの意思でDNAを書き換えられるようになります。

それが彼らの最終目的でした。

それをやるためには、病人をふやしておかないといけません。不安と恐怖を人類からとったらダメなのです。

ワクチンを打てなくなってしまう。

東京都も操られています。

ＰＣＲ検査をしなければ患者は出ないのに、無理やりＰＣＲを受けさせて一定数の患者を出させている。さらに、沖縄は一番のレジャー地だから行くなと言っています。

きのうの夕方、羽田空港は誰もいませんでした。

羽田空港からタクシーで帰ってきたら、運転手さんに感謝された。「誰も乗ってくれないんです。今夜はおたくたちで2人目です。ちょっと安くしておきます」と、えらくゴキゲンでした。

国民は相当ビビッています。

患者数が更新しましたとマスコミが報道して、みんなを家に閉じ込めて、今の企業を全部潰したいのです。

彼らの言うことを聞かない企業がいっぱいいるから、不都合なのです。

経済を破綻させて、おカネも電子マネー化します。

今までは紙幣だったから、自分たちが実際に紙を持たないとダメでしたが、電子マネーはネット上で操作して、自分たちにカネを集められるようになる。動かなくてよくなります。

リスクがなくなります。

ドクタードルフィンがいなかったら、いいぐあいに来ていたのです。

Part 9

屋久杉に込められていた
宇宙と地球の叡智が
今、ここに開く！

屋久杉はスーパーガイアのエネルギー

7月下旬〜8月初旬に、屋久島に行きました。

私は、何で屋久島に行くかというのが、行くまでは全然わからなかったのです。

もともとオリンピックがある予定だったから、オリンピックが始まる前にギリシャのゼウスを開き、アテネのエネルギーを開きに行こうと思っていました。

そうしたら、オリンピックが延期になり、コロナ騒動でギリシャに行けなくなりました。

来年（2021年）、行き直します。

ロンドンにも行く予定でしたが、海外は全部中止になりました。国内で行きたいところというので、屋久島が出てきたのです。何で屋久島に行くのだろう。行くまでは、いつもわからないのです。なぜかこの時期に屋久島に行く必要がある。屋久島は世界遺産で、屋久杉がキーだろうというのは何となく感じていました。

屋久島は、岩の島なのです。

あの岩はベトナムのハロン湾から来ています。フィリピン、台湾、沖縄を経て来ている大きな岩山です。

性質は多少違うかもしれないけれども、エネルギーを受け継いできています。

私も実際に見てきましたが、屋久杉はあの岩に根を張っているのです。土はほとんどありません。

ガイアのエネルギーの中で、核となるのはスギです。
スギこそがガイアのエネルギーの中核、コアなんです。
これを私が読んだ。
しかも、スギの中でも地球上で最もコアとなるのが屋久杉です。

それなのに強力な根を張るから、あんな生命力の強い木はないでしょう。

しかも、数千年生きる奇跡の木です。

スギの植生の分布は、北は北海道の南のほうがぎりぎりで、南は屋久島ぐらいが南端らしいのです。

沖縄に行くとスギはありません。

何であの岩山にあれだけスギが生えたか、私はDNAを読んでみました。

縄文時代はレムリアの女性性を取り戻していたのですが、紀元前5000年ごろ、縄文時代末期の世界は、男性性が強くなり始めました。

とくにスギは神の木と言われるように、神のエネルギーを持っていると昔から信じられていました。

実際、神のエネルギーが高いのです。

松竹梅は神のエネルギーを持ちません。

ヒノキは神のエネルギーを持つのですが、ヒノキより数段高く持つのがスギなのです。

宇宙でDNAがつくられたときに、神のエネルギーを受ける木としてつくられたのです。

神エネルギーを地球に拡散するための木として、宇宙のエネルギーでつくられた木です。

ガイアエネルギー※というのは、地球の叡智のエネルギー、地球の生命力であって、水とか、緑とか、植物、プランクトン、昆虫、動物、人間、太陽とかもガイアのエネルギーになります。

あと、地球の神のエネルギーもガイアに入るのです。

ガイアのエネルギーの中で、核となるのは地球で最も生命力の強いスギです。

スギこそがガイアのエネルギーの中核、コアなんです。

これを私が読んだ。

しかも、スギの中でも地球上で最もコアとなるのが屋久杉です。

紀元前5000年に、この岩の島にスギを植えることが、ガイアのエネルギーとして非常に重要であるということで、宇宙の叡智が働きました。

去年3月に、私はエアーズロック（ウルル）、地球のへそを開きました。

地球のへそから地球のいろんなスポットに、ガイアのエネルギーが行っているわけです。

地球のへそとつながっている箇所は、世界に数カ所あるのですが、日本で一番強いのは屋久島です。

しかも、日本は神の国です。

神のエネルギーを最も持てる国ということで、屋久島にスギを植えたのが5000年前です。

※ガイア
地球に存在する生命全てを一つにしたときの地球のエネルギー（地球の叡智）

宇宙によって、日本でスギが最初に植えられたところです。

人間が植えたとしたら、その人間が宇宙に操られて植えたのです。

それで生えてきたのが、樹齢7000年の縄文杉です。

スーパーガイアのエネルギーをつくるためなんです。

屋久杉の生きざまを地球の生命たち、植物、動物たちに見せることで、彼らが元気になるようにという意図で、宇宙の叡智によって、屋久島にスギが植えられました。

屋久杉は年輪が1ミリもありません。

土もないのに何であんなに生きられるかというと、1ミリのところに油がいっぱい詰まっている。

油がすごいのです。だから、生きられる。油がなかったら無理なのです。

1年に1ミリも太くならないのです。0・3ミリぐらいかもしれない。

南側はちょっと厚いけれども、北側は薄い。年輪を見たらわかります。

もっとすごいのは、人間が傷を負うと、盛り上がった瘢痕《はんこん》になって治ります。がんも、こぶみたいに修復して治ります。

屋久杉は、そのこぶがすごいのです。

傷を負ったり、病気になったところを、自分で修復する能力があります。

そのこぶのところを使った木彫りが高いのです。

そここそまさにガイアのスーパーエネルギーです。こぶの部分を使用した木彫りは数十〜数百万円します。安いのは2万円ぐらいで買えますが、普通の木目のところです。

樹齢7000年の縄文杉、3000年の紀元杉、1000年ちょっとの千年杉などがあります。

私が屋久杉をスーパーガイアと言ったのは、そこなのです。

屋久杉は、ガイアのエネルギーが地球上で断トツに高いのです。

スギのDNAが男性性に書き換えられ、花粉症が生まれた

もともと男性性が主体であったアトランティスのエネルギーを、縄文が女性性のエネルギーを取り戻すために、宇宙の大もとの意識がスギをまいたのですが、そのときにスギの遺伝子、DNAは女性性だったのです。すごく元気だった。

このまま行くと、世の中が平和になってしまう。人間が穏やかになって、戦争もしなくなるし、争いも行わないし、自由になってしまう。

先にも書いたように、イルミナティ、フリーメイソンが、それでは困ると、1990年ごろに、屋久杉のエネルギー、DNAを男性性に書き換え

ました。

あのときは空から噴射もしたのですが、要人をつかまえて、量子力学的な能力を持っていたので、全世界のスギのエネルギーを遠隔で一瞬として、量子力学的に男性性に書き換えたのです。

スギ花粉は、それまで人類にとって全く影響しないお友達だったのに、男性性のエネルギーは攻撃的だから、血液に入ると、免疫細胞が、ワーッと、大変だと襲いに行って、花粉症になったのです。

それに加えて、屋久島の人に特徴的なのは、日本列島の中でも、がんが多いのです。

あれだけ大自然があって、ガイアのエネルギーがあって、自然のものを食べて、自然の中で生きているのだから、逆に少ないはずです。

これは屋久杉が男性性に変えられたので、花粉が人間に入って、ＤＮＡを書き換えたのと、噴射されたウィルスによるものでもあります。

このまま行くと、世の中が平和になってしまう。

人間が穏やかになって、戦争もしなくなるし、争いも行わないし、自由になってしまう。

イルミナティ、フリーメイソンが、それでは困ると、屋久杉のエネルギー、DNAを男性性に書き換えました。

難病もそうです。

要するに、難病のほとんど、がんのほとんどはウィルスや花粉が原因なのです。

がん花粉説。花粉症ももちろんそうです。

ウィルス自体が悪さをするというウィルス説もあるのですが、花粉のエネルギーがウィルスとして働くように、イルミナティ、フリーメイソンが書き換えたのだと思います。

そうすると、花粉として入るのですが、ウィルスのように形態変異して、ベクターとしてＤＮＡに入って、がんを起こさせます。

これを書き換える必要がありました。

ことしは何で花粉症が少なかったか。

台風も起こらなかったか。

彼らは毎年、スギの新芽が出るときに、スギ花粉のＤＮＡを操作してい

これは屋久杉が男性性に変えられたので、花粉が人間に入って、DNAを書き換えたのと、噴射されたウィルスによるものであります。

難病のほとんど、がんのほとんどはウィルスや花粉が原因なのです。

がん花粉説。花粉症ももちろんそうです。

たのですが、ことしはワクチンの製造で精いっぱいで、それどころではありませんでした。

それプラス、去年の秋分の日のピラミッドから3月15日の卑弥呼まで、私が彼らの集合意識を書き換えてきたから、ことしは彼らはスギ花粉のＤＮＡを書き換えるのをやめたのです。

おそらく屋久島は、２０２０年以降、がんが減ります。

イルミナティ、フリーメイソンは、遠隔操作でスギ花粉のＤＮＡを書き換えていました。

例えば屋久島の緯度何度、経度何度に波動を合わせて、あとはスギのエネルギーに波動を合わせて、ポンと操作したら書き換わります。

地球の裏にいる人間の心臓に、場所とエネルギーを合わせて、ポンと操作したら心臓が止まります。

それと同じで、瞬時に書き換えます。

彼らがスギを書き換えていたので、スギが狂暴化していたのです。
それを私が書き換えに行きました。
屋久島の人は誰も知りません。
ガイドさんに話したので、ガイドさんがちょっと知っているぐらいです。

未来のイルミナティ、フリーメイソンへのメッセージ

この本は、『イルミナティとフリーメイソンとドクタードルフィン』というタイトルです。いかにも私が彼らの仲間であるように見えます。

地球的に言うと、私は、彼らの仲間でも、組織でも何でもありません。イルミナティ、フリーメイソンのことは、1年前まで興味もなかったのです。

1年ぐらい前から私のエネルギーがどんどん繊細になってきたので、そういったものをストーリーの中に入れていかないと、地球上では、うまくストーリーがかみ合わないということが出てきました。

そこで興味を持ち始めて、最近はいろいろエネルギーを読んで、彼らの

動きをリーディングしました。

ただ、彼らのエネルギーを読み取るだけでなく、それ以上に書き換えるとなると、彼らのスーパートップが持っているエネルギーより高くないと、できないことです。

だから、私は、宇宙で何世代、地球でも数え切れないくらい何世代と生きてきて、イルミナティ、フリーメイソンの次元エネルギーより高い状況まで、自分を上げてきたということです。

そのエネルギーは、ほかにはいなかった。

次元エネルギーをイルミナティ、フリーメイソンのスーパートップより上に上げられなかったので、ヒトラーも、ジーザスも、ナポレオンも、ピラミッドを開こうとしたときに、彼らの阻止が入って失敗したのです。

私がピラミッドを開けたのは、彼らの上のエネルギーがあったからです。

私は、今まで地球で彼らと全く関係がなかったのですが、実はこの時期に、彼らと私は意識体として交流して、彼らのスーパートップを含めた集合意識にコンタクトして、人類と地球の進化のために彼らのエネルギーを書き換えさせてもらった。

彼らの意識のエネルギーを書き換えるということは、超古代から宇宙のグリッドに書き込まれていました。

地球上で彼らと会うよりも、意識体で交流したほうが、ずっと深い交流ができます。

もう一つは、彼らが私を受け入れてくれたということです。

それは私が今、生きていることで証明しています。

彼らも、私を受け入れることが彼らにとってメリットになる時代だということをわかっています。

今までは受け入れることが彼らにとってデメリットでしかなかったから、関与するものを心臓麻痺で瞬殺してきました。

イルミナティ、フリーメイソンは、宇宙の大もとに悪役ばかりやらされていましたが、これからは人類にとって「よい役」を担っていくでしょう。

「よい役」を担っていくのなら、〝未来のイルミナティ、フリーメイソンよ、私と一緒に新しいみろくの世をつくっていこうじゃありませんか〟というメッセージが、この本のタイトルには込められているのです。

銃で撃った場合もあります。

これからは人類が宇宙とつながって、個が独立していっても、その中で、彼らにしかできない役割があります。

人類を無理に統合しなくても、それを実行していくことで彼らは人類をリードすることができるようになります。

イルミナティ、フリーメイソンは、宇宙の大もとに悪役ばかりやらされていましたが、これからは人類にとって「よい役」を担っていくでしょう。「よい役」を担っていくのなら、〝未来のイルミナティ、フリーメイソンよ、私と一緒に新しいみろくの世をつくっていこうじゃありませんか〟というメッセージが、この本のタイトルには込められているのです。

『日月神示』も、善悪抱きまいらせて進む神の道と言っています。予言どおりで、本書と共鳴しています。

本書は『日月神示』の現代版です。

人類はみろくの世の入り口に入った

レムリア時代も、縄文時代も、人が死ぬとお祝いしたのです。

人生を全うして高い次元の世界に行くことは、すばらしいことでした。

とくに穏やかに最期を迎えると、苦しまずに逝って本当によかったなということでお祝いをしました。

みずからわざわざ死にはいかないけれども、死が訪れることを怖がりもしなかった。

死が訪れることはごく自然のことで、お祝いであるという概念で生きていました。

それを、死は恐怖であるという考えをつくり上げたのも、アトランティス系のエネルギーです。

がんも、こんなに多くなかったと思います。

しかも、昔の人は、がんがあっても、知らずに死んでいきました。

人間の体をそんなに荒らさなかった。

攻撃しませんでした。

また、レムリア系のエネルギーを持っていた人、とくに縄文の人は、悪いエネルギーが入ると病気が出てくることを知っていて、悪いエネルギーを取り払ったり、意識を変えることで、その状態を変えられるという本質がわかっていました。

そういう意味で、超能力者はいっぱいいたのです。

イルミナティ、フリーメイソンがかなわないくらいの超能力者です。

でも、彼らは、そういう人がいたら困るわけです。

だから、目に見えないものは存在しないという唯物論で、悪いものが入

イルミナティ、フリーメイソンが方向転換をしたので、誰も邪魔をする者はいなくなりました。

そうしたら、金融も、政治も、医療も、教育も、自然環境も、生活も、全部変わります。

みろくの世の入り口に入りました。

ってきて病気になるという考え方をつくり上げたのも、彼らのエネルギーです。

イルミナティ、フリーメイソンがその悪役を買って出ました。

医学界、科学界の全てを、彼ら0・01%のスーパートップが牛耳っていました。

病気は悪いもの、死は避けるべきものという世界が成り立ってきたのです。

しかし、イルミナティ、フリーメイソンが方向転換をしたので、誰も邪魔をする者はいなくなりました。

そうしたら、金融も、政治も、医療も、教育も、自然環境も、生活も、全部変わります。

いよいよ変わる入り口に入りました。みろくの世の入り口に入りました。

すごいことなんです。

今こそ、今まで世の中で役立っていた人が役立たなくなります。

役立たなかった人が役立つ時代になります。

今、彼らはワクチンを一生懸命つくっています。

そこには、人類の波動エネルギー、次元エネルギーを下げて、統率するという意図しかありません。

一部の人による最後のあがきとして、ワクチンを受けないといけない、受けないと怖いという世界を生み出そうと必死なのです。

だから、患者数がすごいことになっているわけです。

私が、今回スギを開いたことで、翌週には、スギのエネルギーがガラッと変わりました。

地球上のスギが全部変わりました。

ガジュマルを見たら、ガジュマルも変わっていました。

ヒノキも変わってくるのではないでしょうか。

そうすると、世界が全部変わるので、ワクチンの計画が果たしてこのままうまくいくのかどうか、怪しくなってきました。

ガイアのボスが屋久杉です。ガイアのボスが書き換わったので、子分たちも全部書き換わりました。

そうすると、彼らは地球を全部敵にすることになります。

今、私が人類と地球の遺伝子エネルギーを女性性に書き換えています。

それをまた男性性に書き換えようというのが今回のワクチンです。

男性性は攻撃性、分離と破壊です。

しかし、最後には、次元の高い「愛と調和」のエネルギーが地球に拡がります。

あなたは、今、その奇跡の変化の目撃者となるのです。

88次元 Fa-A
ドクタードルフィン 松久 正

鎌倉ドクタードルフィン診療所院長。日本整形外科学会認定整形外科専門医、日本医師会認定健康スポーツ医、米国公認ドクター オブ カイロプラクティック。慶應義塾大学医学部卒業、米国パーマーカイロプラクティック大学卒業。「地球社会の奇跡はドクタードルフィンの常識」の“ミラクルプロデューサー”。神と宇宙存在を超越し、地球で最も次元の高い存在として、神と高次元存在そして人類と地球の覚醒を担い、社会と医学を次元上昇させる。超高次元エネルギーのサポートを受け、人類をはじめとする地球生命の松果体を覚醒することにより、人類と地球のDNAを書き換える。超次元・超時空間松果体覚醒医学の対面診療には、全国各地・海外からの新規患者予約が数年待ち。世界初の遠隔医学診療を世に発信する。セミナー・講演会・ツアー・スクール（学園、塾）開催、ラジオ、ブログ、メルマガ、動画で活躍中。ドクタードルフィン公式メールマガジン（無料）配信中（HPで登録)、プレミアム動画サロン ドクタードルフィン Diamond 倶楽部（有料メンバー制）は随時入会受付中。

多数の著書があり、最新刊は『地球のメディア情報では、もう人類は救われません（青林堂)』、『地球人類よ、新型コロナウィルスを浴びなさい！（ヒカルランド)』、『卑弥呼と天照大御神の復活 世界リーダー・霊性邪馬台国誕生への大分・宇佐の奇跡（青林堂)』『龍・鳳凰と人類覚醒　荒れ狂う世界の救済 ベトナム・ハロン湾（降龍）／タンロン遺跡（昇龍）の奇跡（ヒカルランド)』『霊性琉球の神聖誕生 日本を世界のリーダーにする奇跡（ヒカルランド)』『宇宙人のワタシと地球人のわたし（明窓出版)』『神医学（青林堂)』『シリウスランゲージ（ヒカルランド)』『ウィルスの愛と人類の進化（ヒカルランド)』、他に、『宇宙の優等生になりたいなら、アウトローの地球人におなりなさい！（ヴォイス)』『宇宙からの覚醒爆弾「炎上チルドレン」（ヒカルランド)』『ピラミッド封印解除・超覚醒 明かされる秘密（青林堂)』『菊理姫（ククリヒメ）神降臨なり（ヒカルランド)』『令和のDNA 0＝∞医学（ヒカルランド)』『死と病気は芸術だ！（ヴォイス)』『神ドクター Doctor of God（青林堂)』『かほなちゃんは、宇宙が選んだ地球の先生（ヒカルランド)』『いのちのヌード（ヴォイス)』『UFOエネルギーとNEOチルドレンと高次元存在が教える地球では誰も知らないこと（明窓出版)』『幸せＤＮＡをオンにするには潜在意識を眠らせなさい（明窓出版)』『シリウス旅行記（ヴォイス)』『ペットと動物のココロが望む世界を創る方法　（ヒカルランド)』『多次元パラレル自分宇宙（徳間書店)』『ドクタードルフィンの高次元DNAコード（ヒカルランド)』『松果体革命パワーブック（ナチュラルスピリット)』『シリウスがもう止まらない（ヒカルランド)』『これでいいのだ！ヘンタイでいいのだ！（ヴォイス)』『からまった心と体のほどきかた 古い自分を解き放ち、ほんとうの自分を取りもどす（PHP研究所)』『松果体革命 松果体を覚醒させ超人類になる！（ナチュラルスピリット)』（2018年度出版社 No.1ベストセラー)、『ドクター・ドルフィンのシリウス超医学（ヒカルランド)』『あなたの宇宙人バイブレーションが覚醒します！（徳間書店)』『ワクワクからぷあぷあへ（ライトワーカー)』『水晶（珪素）化する地球人の秘密（ヒカルランド)』『Dr.ドルフィンの地球人革命（ナチュラルスピリット)』『「首の後ろを押す」と病気が治る（マキノ出版)』は健康本ベストセラーとなっており、『「首の後ろを押す」と病気が勝手に治りだす（マキノ出版)』はその最新版となる。『「首のうしろを押す」だけで健康になる（王様文庫)』今後も続々と新刊本を出版予定！ 世界で今、最も影響力のある存在である。

ドクタードルフィン 松久正公式サイト https://drdolphin.jp

地球の悪役を超手術する！

イルミナティとフリーメイソンとドクタードルフィン

第一刷 2020年10月31日

著者 松久 正

発行人 石井健資
発行所 株式会社ヒカルランド
〒162-0821 東京都新宿区津久戸町3-11 TH1ビル6F
電話 03-6265-0852 ファックス 03-6265-0853
http://www.hikaruland.co.jp info@hikaruland.co.jp
振替 00180-8-496587

本文・カバー・製本 中央精版印刷株式会社
DTP 株式会社キャップス
編集担当 高島敏子／溝口立太

ISBN978-4-86471-930-8

毎回アンドロメダ直系の
無限大のエネルギーをあなたに注入します！

このスクールには
ドクタードルフィンの生まれ変わりの一人である
菅原道真のサポートも入っています

【講師】
ドクタードルフィン 松久 正校長

【日時】
第１回　2020年７月18日(土)　11:00～12:00　終了済
第２回　2020年８月29日(土)　11:00～12:00　終了済
第３回　2020年10月17日(土)　11:00～12:00　終了済
第４回以降はホームページをご参照ください

【会場】
都内某所
※お申込み完了された方に３日前までに直接メールでご案内いたします

【料金】
オンライン参加コース（ZOOM 配信）：**36,900円**（プラス後日、10日間の視聴可能）
スタジオ特別参加コース：**96,300円**（限定11名さま）

※スタジオ特別参加コースにお申込みいただくと、講座終了後、ドクタードルフィン校長があなたに必要な宇宙からの高次元 DNA コードを注入してくれます！

【宇宙からの要請あり！】
ドクタードルフィン校長（88次元 Fa-A）の
オンライン学校講座【みろくスクール】
大好評！　開講中です！

みろくスクールは
高次元宇宙のサポートのもと運営されるものです

ドクタードルフィンが
宇宙社会構成を書き換えたことによって
別の銀河であるアンドロメダからのサポートが
地球に入るようになったことで
このカリキュラムが可能になりました

書き換えたシリウスである
ネオシリウスからのサポートも入ります
あなたの魂の生まれ故郷から講師がやって来る！
そう思っていいのです！

みろくスクールの理念
それは
「脳を眠らせて　魂を喜ばせる」
このことに尽きます
魂エネルギーの次元を上げるスクールです

お子様からお年寄りまで入学制限なし
三次元スクールに飽き足らなくなった人
全ての人に入学の資格が与えられています

魂を喜ばせ
魂エネルギーを次元上昇させることを目的に
設立されたスクールです

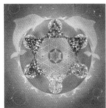

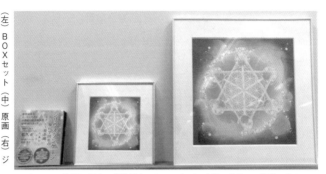

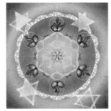

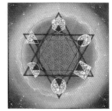

『シリウスランゲージ』原画&ジークレー版画
プレミアム販売!

ドクタードルフィンによる
解説&原画へのエネルギーアクティベート
スペシャル動画をチェック!

プレミアム販売その①　超貴重な原画

原画の繊細なタッチで描かれた曼荼羅アートの美しさ、放出されるエネルギーは圧倒的!　すべて1点ものの「原画」を特別販売いたします。

【原画（額装付き）】
●サイズ：原画 16.8cm×16.8cm
　　　（額装後　25cm×25cm）
●ドクタードルフィンによるエネルギーアクティベート完了
●値段：作品ごとに、ヒカルランドパーク HP にてご確認ください
●各作品につき、1点のみ　※売り切れの場合はご了承ください

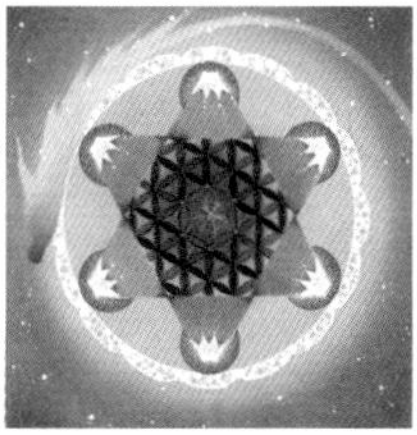

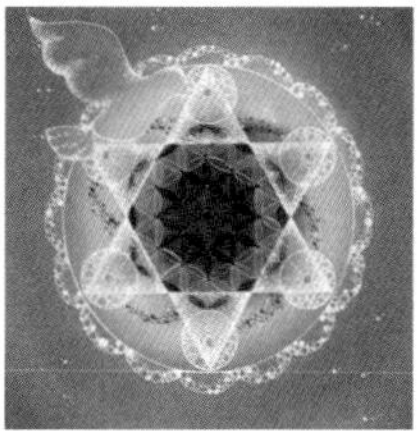

voicy

愛すべきズッコケキャラ☆
株式会社ヒカルランド 代表取乱役
石井健資 社長

謎のインスタストーリーズ芸人!
クリエーター/パーソナルトレーナー
神社インフルエンサー
Yuki Yagi

八ヶ岳 えほん村館長
絵本作家だけど、本業は魔女!?
majoさん

宇宙とつながる光の柱
「あわのうた」の美しい伝道師
SUMIKO! さん

愛に満ちた宇宙のしずく
ヒカルランドみらくるのキュートな妖精
みらくるちゃん

ヒカルランド　好評既刊！

地上の星☆ヒカルランド　銀河より届く愛と叡智の宅配便

ミロクの世覚醒の超奇跡

神聖・新生琉球講演会（&リトリートツアー）

地球ミロク世に必要な琉球救済と
日本新生に迫るエネルギー開きレポート!

【DVD】Disk 1 枚組（約62分）　本体 8,000円＋税
出演者：龍と鳳凰、琉球の神々、琉球王国の魂たち、
88次元 Fa-A ドクタードルフィン 松久 正

ヒカルランド　好評既刊！

地上の星☆ヒカルランド　銀河より届く愛と叡智の宅配便

超次元宇宙と超次元宇宙の超激突！
衝突する宇宙でお前の魂をつなぎかえてやる！

愛し、受け入れ、感謝し
魂の覚醒へ導く奇跡の対談収録

【DVD】Disk 1 枚組（約98分）　本体 10,000円＋税
出演者：ドクタードルフィン 松久 正、
　　　　アマミカムイ 天無神人

最終回のテーマは愛
すべてを溶かし溢れ出す愛のエネルギーを体感！

シリウス超医学出版記念
☆セミナー《第３回　愛と感情》
■12,222円（税込）

●出演：∞ ishi ドクタードルフィン
　　　　松久　正
●収録内容：魂の本質からの「愛」とは何かがわかるトークタイム／涙が自然と止まらない瞑想タイム／松果体のポータルが開いて、大宇宙の叡智が降り注ぐ感動のエンディング
●レンタル禁止、複製不能

∞ ishi ドクタードルフィン
松久 正 先生

慶應義塾大学医学部卒。整形外科医として現代医学に従事した後、米国で自然医学を習得。帰国後、鎌倉ドクタードルフィン診療所を開業。国内外より患者を集め、新規予約は数年待ち。現代医学・自然医学に量子科学、スピリチュアルなどを融合した新しい医学を創造している。

高次元 DNA コード
■1,815円（税別）

シリウス超医学
■1,815円（税別）

ヒカルランドパーク取扱い商品に関するお問い合わせ等は
電話：03−5225−2671（平日10時−17時）
メール：info@hikarulandpark.jp　URL：http://www.hikaruland.co.jp/

＊ご案内の価格、その他情報は発行日時点のものとなります。

本といっしょに楽しむ ハピハピ♥ Goods&Life ヒカルランド

初診は2年待ちの大人気「ドクタードルフィン」こと松久正先生の
セミナーを収録したDVDがついにリリース！
観るだけで松果体が活性化しちゃいます！

自己の生命エネルギーの進化と成長に必要な「宇宙の叡智」を取り入れる「松果体」。話題となった「松果体DNAエネルギー書き換えワーク（※各回テーマ別に実施）」も完全収録。ドクタードルフィン先生が会場内を駆け回り、熱気とワクワクに満たされたパフォーマンスとアドリブでお客様も大興奮の内容をお届けします。観るだけで松果体を活性化させて、覚醒エネルギーを手にしてください。

現代人のバラバラになった
心と体を統合へ導いてくれる！

シリウス超医学出版記念
☆セミナー《第1回　心と体》
■12,222円（税込）

●出演：∞ishiドクタードルフィン
　　　　松久　正
●収録内容：病気は治さなくていい！とわかるトークタイム／高次元へと導く瞑想タイム／松果体DNAエネルギーが書き換えられた最高のエンディング
●レンタル禁止、複製不能

能力と人生が開花するあなたの中の
眠った力が呼び覚まされる！

シリウス超医学出版記念
☆セミナー《第2回　能力と人生》
■12,222円（税込）

●出演：∞ishiドクタードルフィン
　　　　松久　正
●収録内容：意識の螺旋振動数を変えれば望む人生が手に入る！　とわかるトークタイム／眠った能力を呼び覚ます瞑想タイム／松果体の力を全身で体感できるパワフルなエンディング
●レンタル禁止、複製不能

も効果的とは言えません。また、珪素には他の栄養素の吸収を助け、必要とする各組織に運ぶ役割もあります。そこで開発元では、珪素と一緒に配合するものは何がよいか、その配合率はどれくらいがよいかを追求し、珪素の特長を最大限に引き出す配合を実現。また、健康被害が懸念される添加物は一切使用しない、珪素の原料も安全性をクリアしたものを使うなど、消費者のことを考えた開発を志しています。

手軽に使える液体タイプ、必須栄養素をバランスよく摂れる錠剤タイプ、さらに珪素を使ったお肌に優しいクリームまで、用途にあわせて選べます。

◎ドクタードルフィン先生一押しはコレ！　便利な水溶性珪素「レクステラ」

天然の水晶から抽出された濃縮溶液でドクタードルフィン先生も一番のオススメです。水晶を飲むの？　安全なの？　と思われる方もご安心を。「レクステラ」は水に完全に溶解した状態（アモルファス化）の珪素ですから、体内に石が蓄積するようなことはありません。この水溶性の珪素は、釘を入れても錆びず、油に注ぐと混ざるなど、目に見える実験で珪素の特長がよくわかります。そして、何より使い勝手がよく、あらゆる方法で珪素を摂ることができるのが嬉しい！　いろいろ試しながら珪素のチカラをご体感いただけます。

レクステラ（水溶性珪素）
■ 500mℓ　21,600円（税込）

飲みものに
・コーヒー、ジュース、お酒などに10～20滴添加。アルカリ性に近くなり身体にやさしくなります。お酒に入れれば、翌朝スッキリ！

食べものに
・ラーメン、味噌汁、ご飯ものなどにワンプッシュ。

料理に
・ボールに１リットルあたり20～30滴入れてつけると洗浄効果が。
・調理の際に入れれば素材の味が引き立ち美味しく変化。
・お米を研ぐときに、20～30滴入れて洗ったり、炊飯時にもワンプッシュ。
・ペットの飲み水や、えさにも５～10滴。(ペットの体重により、調節してください)

●使用目安：１日あたり４～16mℓ

【お問い合わせ先】ヒカルランドパーク

＊ご案内の価格、その他情報は発行日時点のものとなります。

ドクタードルフィン先生も太鼓判!
生命維持に必要不可欠な珪素を効率的・安全に補給

◎珪素は人間の健康・美容に必須の自然元素

珪素（イメージ）

地球上でもっとも多く存在している元素は酸素ですが、その次に多いのが珪素だということはあまり知られていません。藻類の一種である珪素は、シリコンとも呼ばれ、自然界に存在する非金属の元素です。長い年月をかけながら海底や湖底・土壌につもり、純度の高い珪素の化石は透明な水晶になります。また、珪素には土壌や鉱物に結晶化した状態で存在している水晶のような鉱物由来のものと、籾殻のように微生物や植物酵素によって非結晶になった状態で存在している植物由来の２種類に分けられます。
そんな珪素が今健康・美容業界で注目を集めています。もともと地球上に多く存在することからも、生物にとって重要なことは推測できますが、心臓や肝臓、肺といった「臓器」、血管や神経、リンパといった「器官」、さらに、皮膚や髪、爪など、人体が構成される段階で欠かせない第14番目の自然元素として、体と心が必要とする唯一無比の役割を果たしています。
珪素は人間の体内にも存在しますが、近年は食生活や生活習慣の変化などによって珪素不足の人が増え続け、日本人のほぼ全員が珪素不足に陥っているとの調査報告もあります。また、珪素は加齢とともに減少していきます。体内の珪素が欠乏すると、偏頭痛、肩こり、肌荒れ、抜け毛、骨の劣化、血管に脂肪がつきやすくなるなど、様々な不調や老化の原因になります。しかし、食品に含まれる珪素の量はごくわずか。食事で十分な量の珪素を補うことはとても困難です。そこで、健康を維持し若々しく充実した人生を送るためにも、珪素をいかに効率的に摂っていくかが求められてきます。

こんなに期待できる！ 珪素のチカラ

●健康サポート　●ダイエット補助（脂肪分解）　●お悩み肌の方に
●ミトコンドリアの活性化　●静菌作用　●デトックス効果
●消炎性／抗酸化　●細胞の賦活性　●腸内の活性　●ミネラル補給
●叡智の供給源・松果体の活性　●免疫の司令塔・胸腺の活性　●再生作用

◎安全・効果的・高品質！ 珪素補給に最適な「レクステラ」シリーズ

珪素を安全かつ効率的に補給できるよう研究に研究を重ね、たゆまない品質向上への取り組みによって製品化された「レクステラ」シリーズは、ドクタードルフィン先生もお気に入りの、オススメのブランドです。

珪素は体に重要ではありますが、体内の主要成分ではなく、珪素だけを多量に摂って

「ドクターレックス プレミアム」、「レクステラ プレミアムセブン」、どちらも毎日お召し上がりいただくことをおすすめしますが、毎日の併用が難しいという場合は「ドクターレックス プレミアム」を基本としてお使いいただくことで、体の基礎を整えるための栄養素をバランスよく補うことができます。「レクステラ プレミアムセブン」は、どんよりとした日やここぞというときに、スポット的にお使いいただくのがおすすめです。

また、どちらか一方を選ぶ場合、栄養バランスを重視する方は「ドクターレックス プレミアム」、全体的な健康と基礎サポートを目指す方は「レクステラ プレミアムセブン」という使い方がおすすめです。

◎すこやかな皮膚を保つために最適な珪素クリーム

皮膚の形成に欠かせない必須ミネラルの一つである珪素は、すこやかな皮膚を保つために欠かせません。「レクステラ クリーム」は、全身に使える天然ミネラルクリームです。珪素はもちろん、数百キロの原料を精製・濃縮し、最終的にはわずか数キロしか取れない貴重な天然ミネラルを配合しています。合成着色料や香料などは使用せずに、原料から製造まで一貫して日本国内にこだわっています。濃縮されたクリームですので、そのまま塗布しても構いませんが、小豆大のクリームを手のひらに取り、精製水や化粧水と混ぜて乳液状にしてお使いいただくのもおすすめです。お肌のコンディションを選ばずに、老若男女どなたにも安心してお使いいただけます。

レクステラ クリーム
■ 50g　12,573円（税込）

●主な成分：水溶性濃縮珪素、天然ミネラル（約17種類配合）、金（ゴールド・ナノコロイド）、ヒアルロン酸、アルガンオイル、スクワラン、プロポリス、ホホバオイル、ミツロウ、シロキクラゲ多糖体
●使用目安：2～3か月（フェイシャルケア）、約1か月（全身ケア）

◎植物性珪素と17種類の必須栄養素をバランスよく摂取

基準値量をクリアした、消費者庁が定める17種類の必須栄養素を含む、厳選された22の成分を配合したオールインワン・バランス栄養機能食品。体にはバランスのとれた食事が必要です。しかし、あらゆる栄養を同時に摂ろうとすれば、莫大な食費と手間がかかってしまうのも事実。医師監修のもと開発された「ドクターレックス プレミアム」なら、バランスのよい栄養補給ができ、健康の基礎をサポートします。

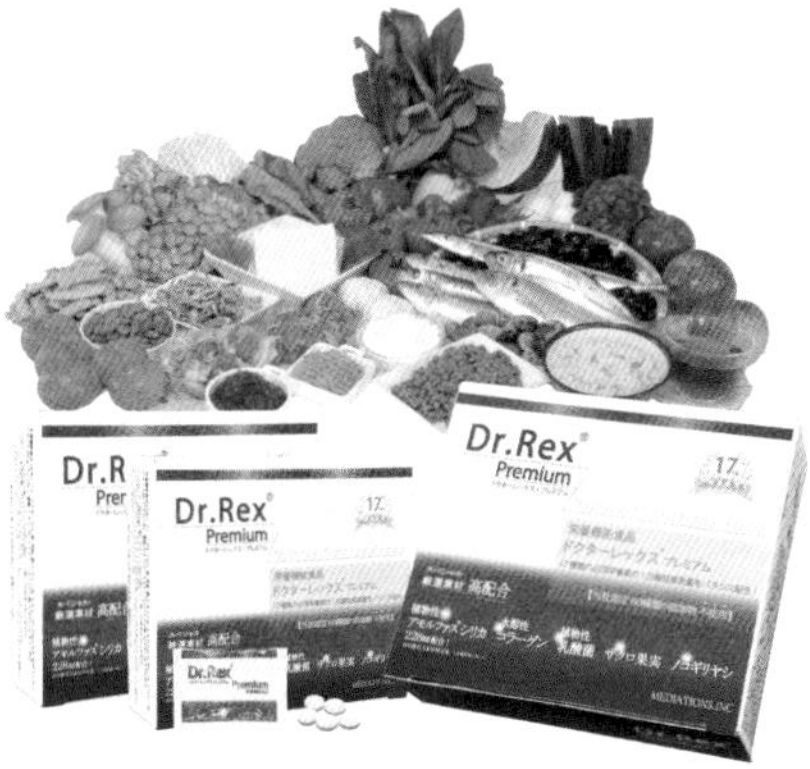

ドクターレックス プレミアム

■ 5粒×30包　8,640円（税込）

●配合成分：植物性珪素、植物性乳酸菌、フィッシュコラーゲン、ザクロ果実、ノコギリヤシ、カルシウム、マグネシウム、鉄、亜鉛、銅、ビタミンA・C・E・D・B_1・B_2・B_6・B_{12}、パントテン酸、ビオチン、ナイアシン、葉酸

●使用目安：1日あたり2包（栄養機能食品として）

◎珪素をはじめとする厳選した7成分で打ち勝つ力を強力サポート！

人体の臓器・器官を構成する「珪素」を手軽に補える錠剤タイプの「レクステラ プレミアムセブン」。高配合の植物性珪素を主体に、長年の本格研究によって数々の研究成果が発表された姫マツタケ、霊芝、フコイダン、β－グルカン、プロポリス、乳酸菌を贅沢に配合。相乗効果を期待した黄金比率が、あなたの健康を強力にサポートします。

レクステラ プレミアムセブン

■ 180粒　21,600円（税込）

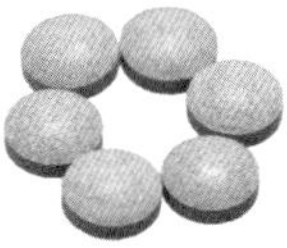

●配合成分：植物性珪素、姫マツタケ、オキナワモズク由来フコイダン、直井霊芝、ブラジル産プロポリス、乳酸菌KT-11（クリスパタス菌）、β－グルカン（β-1,3/1,6）

●使用目安：1日6粒～

ヒカルランド　好評既刊！

地上の星☆ヒカルランド　銀河より届く愛と叡智の宅配便

高次元シリウスが伝えたい
水晶（珪素）化する地球人の
秘密
著者：ドクタードルフィン 松久 正
四六ソフト　本体 1,620円+税

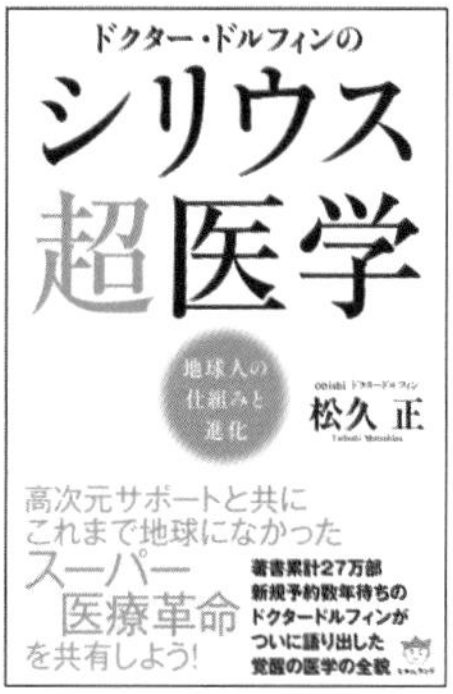

ドクター・ドルフィンの
シリウス超医学
地球人の仕組みと進化
著者：∞ishi ドクタードルフィン 松久 正
四六ハード　本体 1,815円+税

シリウスがもう止まらない
今ここだけの無限大意識へ
著者：松久 正／龍依
四六ソフト　本体 1,815円+税

ペットと動物のココロが望む
世界を創る方法
著者：ドクタードルフィン 松久 正
四六ハード　本体 1,815円+税

かほなちゃんは、宇宙が選んだ地球の先生
ドクタードルフィン松久正×異次元チャイルドかほな
著者：かほな／松久 正
四六ソフト　本体 1,333円+税

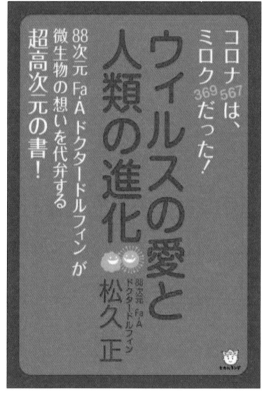